Dawson's Creek
Sechs Jahre in Capeside – Der inoffizielle Guide zur Serie

Peter Osteried

Inhalt

Vorwort

Es war 1998, da Kevin Williamson sich anschickte, mit seiner autobiographisch angehauchten Serie Fernsehgeschichte zu schreiben. Immerhin hatte er eine Serie entwickelt, die das Leben von Teenagern auf sehr glaubwürdige Weise darstellt und von daher Maßstäbe setzte. Die Serie erwies sich von Anfang an bei Publikum und Kritik als Hit und versammelte Woche für Woche eine ständig wachsende Fangemeinde vor dem Bildschirm.

Über sechs Jahre hinweg freute und litt das Publikum mit Dawson, Joey, Pacey, Jen, Jack und all den anderen, die die Serie bevölkerten, mit. Im Lauf dieser Zeit machte sie Veränderungen durch, wobei der realistische Ansatz immer mehr wich und einem Soap-Opera-Element Platz machte, was angesichts der Langlebigkeit der Serie einfach unvermeidbar gewesen ist. Dessen war sich auch Kevin Williamson bewusst, weswegen er vielleicht auch nach dem Ende der zweiten Staffel aus der Serie ausgestiegen ist.

Dawson's Creek ist eine Serie, die Jung und Alt vor dem Bildschirm versammelt hat. Die Jungen fühlten mit den Charakteren mit, bewegten sie sich doch selbst gerade auf dieser Achterbahn der Gefühle, die Alten erinnerten sich an ihre eigene Jugend. Und für so manchen bleibt **Dawson's Creek** für alle Zeiten ein *guilty pleasure*, das ihm immer wieder Freude bereitet.

Peter Osteried

Kevin Williamson – Der Erfinder

Die Stars heutiger Filme sind nicht mehr nur Schauspieler mit wohlklingenden Namen, hochkarätige und renommierte Regisseure oder einfach nur Special Effects, die das Publikum schlichtweg aus seinem Sessel fegen. In Zeiten, da viele Filme versuchen, ihre trägen, nichtssagenden und oftmals langweiligen Geschichten mit Hilfe bekannter Namen und einem regelrechten FX-Overkill über die Zeit zu retten, können Drehbuchautoren selbst zu einer Art Star aufsteigen. Längst sind die Zeiten vorbei, da Hollywood im Studiosystem seine kreativen Schreiber als Lohnsklaven ausbeutete. Heute können erfolgreiche Autoren wie Shane Black oder auch Michael Chrichton beinahe jede Summe fordern. Und Hollywood ist nur zu gern bereit, sie ihnen zu geben.

Eines der aufstrebenden jungen Talente dieser Zunft ist Kevin Williamson, der mit Wes Cravens **Scream** einen außergewöhnlichen Erfolg feiern konnte.

Scream erzählt die Geschichte eines maskierten Killers, der in dem kleinen Städtchen Woodsboro sein Unwesen treibt und wie weiland die Kollegen Michael Myers und Jason Vorhees aus **Halloween** respektive **Freitag der 13.** einige Teenager auf höchst plastische Art und Weise zur Strecke bringt.

In der Essenz präsentieren Kevin Williamson und Regisseur Wes Craven nichts anderes als einen weiteren Slasher-Film im Stil obengenannter Klassiker. Hätten sie ihr Werk aber stur nach den längst zum Klischee erstarrten Regeln des Genres abgedreht, wäre der Erfolg ausgeblieben. Ohne Witz und Finesse hätten die harten Liebhaber dieses Subgenres **Scream** nur als Videopremiere erleben können und wären davon höchst wahrscheinlich auch noch ordentlich enttäuscht worden. Das Geheimnis für den Erfolg dieses kleinen Films liegt im Drehbuch begründet. Williamson, der sich Zeit seines Lebens für Horrorfilme interessierte, war sich der Fallen dieses speziellen Genres, dessen derzeitigen Niedergang viele Fachleute auf ein extremes Maß an immer gleichen Fortsetzungen zurückführen, nur zu bewusst. Von vornherein ging er an dieses Drehbuch mit der Absicht heran, dem Publikum mehr zu bieten als nur die gewöhnlichen Metzeleien an jugendlichen Opfern. Seine Geschichte sollte nicht nur über nervenzerrende Spannung, sondern auch über jede Menge Überraschungen, Wendungen und einer gehörigen Portion an Originalität verfügen.

„Nachdem ich erst einmal die Grundidee hatte," erinnert sich Williamson, „rekrutierte ich meine Freunde und erzählte ihnen die Story Stück für Stück. Wenn ich erkannte, dass ich ihre Aufmerksamkeit halten konnte, wusste ich, dass es wieder Zeit war, an meinen Computer zurückzukehren und das Erzählte zu einem Drehbuch zu machen."

Natürlich flog Williamson die Idee zu **Scream** auch nicht gerade zu, aber sie drängte sich ihm in einem schon beinahe klassischen Momente richtiggehend auf. Während er eines Nachts das Haus für einen Freund hütete – eine Tätigkeit, die er bei dessen Abwesenheit des öfteren ausführte, um so ein wenig seine Schulden zu tilgen – und gerade ein Fernsehspecial über die Gainesville-Morde sah, hörte er aus einem der Räume ein Geräusch. Williamson entschloss sich, der Quelle dieses Geräusches auf die Spur zu kommen und als er ein offenes Fenster, welches ihm zuvor nicht aufgefallen war, bemerkte, packte ihn nicht nur Angst, sondern auch ein gewisser Grad an Panik.

Mit einem Küchenmesser in der einen und einem schnurlosen Telefon in der anderen Hand machte er sich nun daran, das Haus Raum für Raum abzusuchen. Um seiner Angst Herr zu werden, rief er seinen Kumpel David an, damit er während dieser angespannten Situation mit jemandem sprechen konnte. David nutzte natürlich die Gunst der Stunde und begann, Williamson am Telefon auf den Arm zu nehmen. Während David also versuchte, Williamson mit ein paar Bemerkungen zu Killern wie Freddy oder Michael Angst einzujagen, entwickelte sich zwischen den beiden ein Gespräch, das letztlich die Geburtstunde von **Scream** darstellt (und bevor sich manche fragen: Williamson fand niemanden in dem Haus und wurde lediglich zum Opfer seiner eigenen Phantasie.).

Was als **Scary Movie** begann, später aber aufgrund von Marketing-Überlegungen zu **Scream** wurde, entpuppte sich letztlich auch als der Grundstein, der Williamsons Karriere in Schwung brachte.

Das mag sich leicht anhören, ist es aber wahrlich nicht. Der Erfolg kam für Williamson, wie für so viele andere Filmschaffende, nicht über Nacht, sondern musste mühsam über die Jahre hinweg erarbeitet werden.

Geboren in New Bern, North Carolina, wusste der heute 38-jährige schnell, dass er eines Tages beim Film arbeiten würde. Seit er Steven Spielbergs **Der weiße Hai** gesehen hatte, war er nicht nur zu einem Bewunderer des Regisseurs geworden, sondern hegte auch den Traum, es eines Tages selbst im Filmgeschäft zu schaffen. Weit prägender als Spielbergs bis heute bester Film war jedoch John Carpenters **Halloween**, den Williamson im zarten Alter von 12 Jahren im Kino sehen durfte. Als er beim wiederholten Besuch des Films sah, wie das Publikum auf den Film reagierte und sich von ihm bewegen ließ, konnte er nicht anders, als ein für alle Mal seine Berufung zu erkennen.

Er verfolgte seinen Traum zielstrebig und schrieb sich schließlich an der East Carolina Universität ein. Dort studierte er Theater und Film und verfolgte eine Karriere als Schauspieler. Nach abgeschlossener Ausbildung zog er nach New York, wo er mehr schlecht als recht von kleinen und kleinsten Auftritten im Fernsehen und im Theater lebte. Eines der bekanntesten seiner Werke ist hierbei noch der 1994 gedrehte Film **Dirty Money**.

Während dieser frustrierenden Zeit reifte in Williamson der Entschluss heran, ins wesentlich wärmere Los Angeles zu ziehen und dort sein Glück als Autor zu versuchen. Tagsüber arbeitete er als Assistent eines Musik-Video-Regisseurs und schrieb während seiner spärlichen Freizeit.

Auf die Frage, was ihn denn inspirierte, vom Schauspieler zum Drehbuchautor zu wechseln, meinte er nur lakonisch, dass Furcht der größte Motivator ist.

Furcht davor, seine Rechnungen nicht bezahlen zu können.

Das mag zwar als Motiv haltbar sein, den Erfolg garantiert die Angst vor abgestelltem Strom oder Telefon noch lange nicht. Zwar wird es nie eine Garantie für den Erfolg in diesem Business geben, aber ein paar Faktoren gehören sicherlich zu den Grundvoraussetzungen, um überhaupt jemals auch nur eine Chance zu erhalten: Hingabe und Disziplin.

Über beides verfügt Williamson zur Genüge. Jeden Tag beginnt er um 4 Uhr morgens zu schreiben, nachdem er nur vier Stunden auf einer sehr unbequemen Couch, „die einen ohnehin kaum länger schlafen lässt", verbracht hat.

Dafür weiß der junge Autor, wie er sich das Schreiben selbst angenehmer gestalten kann: „Ich liebe Soundtracks. Als ich **Scream** schrieb, hörte ich mir ständig die Soundtracks von **Halloween** und seinen Fortsetzungen, **Dressed to Kill** und meinem absoluten Favoriten **Don't Look Now** an. Ich gestalte meine Szenen richtiggehend um Songs herum. Musik ohne Lyrik ist dabei die beste, weil man manchmal einfach nur zu Singen beginnen will."

Nach dem enormen Erfolg von **Scream**, der bisher weit über 100 Millionen Dollar eingespielt hat, demgegenüber aber nur die relativ niedrigen Produktionskosten von 14 Millionen Dollar stehen, ist die weitere Zukunft Williamsons gesichert.

Schon nach Erreichen der 50-Millionen-Dollar-Grenze schrie man bei der Produktionsfirma Dimension Films nach einer Fortsetzung, zu der sich der Autor nicht zweimal bitten ließ. Tatsächlich wusste er längst, was im zweiten Teil passieren sollte.

„Als ich das Drehbuch zum ersten Teil verkaufte, hatte ich bereits die Stories für den zweiten und dritten Teil im Kopf. Ich habe mir **Scream** immer als eine Art **Star Wars**-Trilogie des Horrors vorgestellt." meint Williamson.

Die Fortsetzung seines Horrorerfolges – vom anfänglichen Titel „Scream, The Sequel" besann man sich bald zu einem weit ordinärerem **Scream 2** – erblickte im Dezember 1997 das Licht der amerikanischen Kinoleinwände und war wenig später auch in den hiesigen Kinos zu bestaunen.

Noch vor **Scream** schrieb Williamson **Teaching Mrs. Tingle**, eine bitterböse schwarze Komödie über eine böse Lehrerin, die sterben soll, da die vier jugendlichen Hauptdarsteller nicht vorhaben, sich durch die schlechten Zensuren, die Mrs. Tingle ihnen beschert, ihre College-Pläne zunichte machen zu lassen. Die anfangs bei Interscope, später jedoch von Dimension Films übernommene Produktion stellt auch das Regiedebüt von Kevin Williamson dar.

Zuvor kam jedoch noch **I know what you did last summer (Ich weiß, was Du im letzten Sommer getan hast)**, ein Thriller, der auf dem gleichnamigen Roman von Lois Duncan basiert. Der Film erzählt von einigen leichtsinnigen Jugendlichen, die unter Alkoholeinfluss einen Mann überfahren und die Tat vertuschen. Ein Jahr später stellt sich heraus, dass außerhalb ihrer kleinen Gruppe jemand von dem Unfall weiß und sie nun für ihr Verbrechen büßen lassen will. Dieser kleine Slasher, der sich anders als **Scream** an die Regeln hält und deswegen eher prädestiniert scheint, sich einigen Klischees zu ergeben, konnte aber mit ordentlicher Regie, sympathischen Schauspielern (allen voran die aus „Party of Five" bekannte Jennifer Love Hewitt) und einer Geschichte, die neben einigen feinen Schocks auch über ein ordentliches Maß an Überraschungen verfügt, durchaus überzeugen und wurde auch hierzulande zu einem freilich bescheidenerem Erfolg.

Kevin Williamson vielbeschäftigt zu nennen, wäre eine starke Untertreibung. Der Erfolg von **Scream** öffnete ihm einige Türen und Chancen, die seinen zukünftigen Weg in alle Richtungen offen lassen.

Miramax, die Muttergesellschaft von Dimension Films, bot ihm nicht nur einen Vertrag über die Fortsetzungen von **Scream** an, sondern ist auch ansonsten sehr an den weiteren Projekten ihrer Entdeckung interessiert. Eines dieser Projekte ist der Science Fiction-Thriller **The Faculty**, den Williamson selbst als Mischung aus **Breakfast Club** und **The Body Snatchers (Die Körperfresser kommen)** beschreibt. In dem von Robert Rodriguez in Szene gesetzten Film geht es um wurmartige Parasiten, die von den Körpern der Lehrer einer High School in Texas Besitz ergreifen.

Nach buchstäblicher gelungener Übernahme des Lehrkörpers macht man sich daran, auch sämtliche Schüler zu infizieren und von da aus die Weltherrschaft anzustreben. Natürlich stellt sich eine Gruppe tapferer Teenager den bösen Parasiten entgegen, um ihre Stadt und das Schicksal der Menschheit vor diesem Übel zu bewahren.

Von Williamson stammte auch ein erster Storyentwurf für „Halloween VII – The Revenge of Laurie Strode", der später in **Halloween H20** umgetitelt wurde und nach einem Drehbuch von Robert Zappia und Matt Greenberg entstand. Wie der Autor immer wieder betonte, sollte sich seine Geschichte auf jeden Fall auf die Wurzeln der Serie besinnen und bringt sogar Laurie Strode, dargestellt von Jamie Lee Curtis, wieder zurück.

Das Grundgerüst der Geschichte wurde von Williamson im Zusammenarbeit mit Jamie Lee Curtis erstellt, die gerne die Rolle, die ihr den Durchbruch bescherte, ein weiteres Mal zum besten gibt.

Nun mögen sich einige erinnern, dass im vierten Teil der Saga Lauries Tod erwähnt wurde, aber Williamson löste dieses Dilemma mit der interessanten Idee, dass Laurie im Zuge eines Zeugenschutzprogrammes untergetaucht gewesen sei. Letztlich ist diese Rechtfertigung aber auch längst in Vergessenheit geraten, da der Jubiläumsfilm **H20** eine direkte Fortsetzung an die ersten beiden Teile der Serie ist und alle anderen außer acht lässt.

Angesichts der hochkarätigen Besetzung und dem neu erwachten Faible für Slasherfilme erwies sich öffentliche Interesse als entsprechend groß und sorgte für ein Einspielergebnis, das beinahe automatisch für ein Sequel sorgt. An jenem war Williamson jedoch nicht mehr beteiligt. .

Doch das Kino war nicht seine alleinige Bestimmung – Williamson wollte auch ins Fernsehen. Mit Columbia Television hat er einen Vertrag über die Entwicklung verschiedener Serien abgeschlossen. Erstes

Ergebnis dieses Vertrages war **Dawson's Creek**, das auf dem kleinen Warner Bros. Network Premiere hatte. Der Autor selbst beschreibt sie als Mischung aus **Willkommen im Leben** und **Ausgerechnet Alaska**. Die von Kritikern wegen der Glaubwürdigkeit ihrer Charaktere hochgelobte Serie erzählt in weit realistischerer Art als ähnlich gelagerte Serien wie z.b. **Beverly Hills 90210** davon, wie vier Jugendliche unserer heutigen schnelllebigen Welt in der kleinen Küstenstadt Capeside aufwachsen. In gewisser Weise verarbeitet Williamson bei dieser Serie viel aus seiner eigenen Jugend und schafft so quasi eine Beinahe-Autobiographie.

Immerhin hat er nicht nur die Hauptfigur Dawson Leery an sich selbst angelegt, sondern auch den übrigen Figuren eigene Charakterzüge verliehen, so etwa Jack McPhee, der in der zweiten Staffel sein Coming Out hatte. Gerade zu jenem Zeitpunkt, da auch Kevin Williamson in der Öffentlichkeit bekannte, homosexuell zu sein.

Williamson schrieb für die Serie und produzierte sie in den ersten beiden Staffeln. Danach wurde er zusehends ruheloser und wollte sich neuen, aufregenden Herausforderungen stellen. Darum entschied er sich, **Dawson's Creek** hinter sich zu lassen. Stattdessen entwickelte er für den Sender ABC die Serie **Wasteland**, in der es nicht um Teenager, sondern um Twentysomethings geht. Das Ergebnis war durchaus sehenswert, doch die Serie konnte in ihren ersten beiden Folgen nicht das nötige Publikum finden, sodass der Sender sie schnell wieder aus dem Programm nahm.

Für **Scream 3** entwickelte Williamson das Treatment, allerdings fand er nicht die Zeit, auch wieder das Drehbuch zu schreiben. Darum wurde dieser Auftrag schließlich an den Autor Ehren Krüger vergeben, der versuchte, dem Stil seines Vorgängers gerecht zu werden. Williamson selbst versuchte derweil, eine Komödie mit dem Titel „Her Leading Man" an den Mann zu bringen, doch obwohl die Vorzeichen gut standen – der Film sollte für die romantische Komödie das werden, was **Scream** für den Slasherfilm war – hob das Projekt nicht ab und wurde irgendwann sang- und klanglos ad acta gelegt. Und das, obwohl Greg Berlanti, einer von Williamsons **Dawson's Creek**-Kollegen, auch daran beteiligt gewesen ist.

Im Jahr 2002 debütierte Williamsons neue Serie **Glory Days**, in der er von einem Autor erzählt, der ein Enthüllungsbuch über die Bewohner seiner Stadt geschrieben hat und nun nach Hause zurückkehrt. Natürlich wird er allerdings nicht mit offenen Armen empfangen. Die Serie lief auf dem WB, doch wie schon bei **Wasteland** war man auch hier nicht mit den Quoten zufrieden, sodass nach nur neun Folgen Schluss war.

Zum Ende von **Dawson's Creek** wurde Williamson von den Produzenten eingeladen, ein 90-minütiges Finale zu schreiben. Er nahm die Einladung gerne an, war er doch der Meinung, dass sich die Serie in den letzten Jahren in eine Richtung entwickelt hatte, die ihm nicht gefiel. Darum nutzte er diesen Zweiteiler, um einige der Dinge, die ihm nicht gefielen, wieder zu richten und einen krönenden Abschluss für seine nach wie vor erfolgreichste Serienschöpfung zu finden.

Danach folgte der Horrorfilm **Cursed**, in dem es um Werwölfe geht. Für die Regie holten die Weinsteins von Miramax/Dimension wieder einmal Wes Craven, der das Angebot jedoch nur annahm, da er seines Vertrages wegen der Firma noch einen Film schuldig war. Nichtsdestotrotz erklärte er: „Kevin hat ein lustiges, spannendes und überraschendes Skript geschrieben, genauso wie beim originalen **Scream**."

Leider war die Produktion jedoch im wahrsten Sinne des Titels verflucht. Nachdem der Großteil der Dreharbeiten abgeschlossen war, musste die Produktion abgebrochen werden, da das Studio mit dem Finale nicht zufrieden war. Man wollte noch einmal extensiv am Drehbuch arbeiten, weswegen mehrere Monate ins Land zogen, bevor die Produktion wieder aufgenommen worden ist. Zu jenem Zeitpunkt waren jedoch bereits einige der Schauspieler bei anderen Filmen untergekommen, sodass Neubesetzungen vonnöten waren und man den Film mehr oder minder noch einmal komplett neu drehen musste.

Danach war Williamson, der im neuen Jahrtausend mit **Scream 4** noch einmal zu seinem größten Erfolg zurückkehrte, vor allem im Fernsehen aktiv. Mit der Entwicklung der auf einer Romanreihe basierenden Serie **The Vampire Diaries** hatte er großen Erfolg, danach kam die Hexenserie **Secret Circle**. Williamson entwickelte den Serienkillerstoff **The Following**, der drei Staffeln erlebte, und danach das Crime-Format **Stalker**, das nur ein Jahr überdauerte.

Sein neuestes Projekt ist die Serie **Time after Time**, in der der junge H.G. Wells Abenteuer mit seiner Zeitmaschine erlebt. Die Serie debütiert im Spätsommer 2016.

James van der Beek

Geboren am 8. März 1977 in Cheshire, Connecticut, ist sein voller Name James William van der Beek. Witzig ist, dass die Übersetzung seines holländischen Nachnamens nichts anderes als „vom Fluss" bedeutet, womit es beinahe wie Schicksal anmutet, dass er die Hauptrolle in **Dawson's Creek** bekommen hatte, die ihn weltweit bekannt machte.

Van der Beek ist das älteste von drei Kindern. Sein Bruder Jared wurde 1979, seine Schwester Janine 1981 geboren. Sein Vater Jim arbeitet bei einer Firma, die Mobiltelefone herstellt, und seine Mutter Melinda leitet ein Fitness-Studio. Da verwundert es auch nicht, dass der junge van der Beek wie seine Mutter sich für Sport interessiert. Besonders interessierte er sich für Football, von dem er jede Sekunde aufs Äußerste genoss. Tatsächlich dachte er sogar darüber nach, ob er nicht eine professionelle Karriere als Football-Spieler einschlagen sollte. Diese Überlegungen fanden jedoch ein Ende, als er sich verletzte und der Doktor ihm mitteilte, dass er ein Jahr lang nicht mehr würde spielen können.

Darum war es an der Zeit, eine neue Leidenschaft zu entdecken: die Schauspielerei. In einer Schulaufführung von „Grease" spielte er die Rolle von Danny Zuko, jenen Part, den John Travolta im Film innehatte. Gerade mal 13 Jahre alt, wurde ihm schlagartig bewusst, dass es dies war, was er machen wollte. Noch dazu entdeckte er, dass ihm seine

Darstellung auch eine unerwartete Popularität beim weiblichen Publikum einbrachte.

Van der Beek bekniete seine Eltern, dass er Schauspieler werden wollte. Melinda wusste jedoch, welch hartes Gewerbe dies ist, hatte sie sich doch auch schon als Broadway-Tänzerin verdingt. Doch der junge Van der Beek wusste, was er wollte. In den kommenden drei Jahren war er für das Cheshire Theater tätig, wobei ihm mit jeder neuen Rollen immer bewusster wurde, dass dies seine Berufung war.

Als er 16 Jahre alt wurde, willigte seine Mutter ein, ihn professionell als Schauspieler arbeiten zu lassen. Beide fuhren nach New York, wo James einen Manager und einen Agenten bekam. Schon wenig später war er bei zahlreichen Castings dabei, musste jedoch feststellen, dass es sogar schwer war, nur in einem Werbespot unterzukommen. Doch er ließ sich nicht entmutigen. Fast täglich war er wieder in New York, um an Vorsprechen teilzunehmen.

Und endlich, nach langer Zeit, hatte er erstmals Erfolg. Er erhielt einen kleinen Part im **Red Booth Christmas Special**, das auf dem Network ABC lief. Wenig später konnte er eine Rolle in einer Episode der Nickelodeon-Serie **Clarissa** ergattern. Da der Erfolg im Fernsehen aber eher zweifelhafter Natur war, versuchte Van der Beek wieder und wieder, bei Theaterstücken unterzukommen, wobei er deutlich mehr Glück hatte. Er spielte in dem Stück „Finding the Sun" mit, das über drei Monate hinweg aufgeführt wurde, wobei James Tag für Tag nach New York fahren musste.

Dem schloss sich das Stück „Shenandoah" an, das auf dem Film mit James Stewart basiert. Hier spielt James einen der Söhne, die der Vater davon abhalten will, in den amerikanischen Bürgerkrieg zu ziehen. Da die Handlung in Virginia spielt und ein entsprechender Akzent vonnöten war, erhielten Van der Beek und seine Kollegen auch Unterstützung von einem Sprachtrainer. Über drei Monate hinweg lief das Stück im Sommer des Jahres 1994. Zu jener Zeit teilte sich Van der Beek eine Wohnung mit einigen seiner Kollegen, da er nicht jeden Tag von Cheshire nach New York und wieder zurück fahren wollte.

All seinen schauspielerischen Ambitionen zum Trotz besuchte er auch das College und schaffte es, erstklassige Noten zu erreichen. In seinem ersten Jahr am College erhielt er seine erste Filmrolle: In ANGUS spielt er einen fiesen Schläger, dem es Spaß macht, sich auf Kosten anderer zu amüsieren. Der Film war kein großer Erfolg, doch ein paar Kritiker lobten speziell seine Darstellung.

Im Jahr darauf erhielt er eine Rolle in der Daily Soap **As the World Turns**. Und noch ein Jahr später, 1996, war er in dem Film **I Love You, I Love You Not** dabei, in dem er immerhin mit der damals noch jungen Claire Danes vor der Kamera stand.

Nach diesem Film kam der Casting-Aufruf für die neue Serie **Dawson's Creek**, von der Van der Beeks Agent überzeugt war, dass sie eine ausgezeichnete Chance darstellte. James selbst war davon weniger überzeugt, hörte jedoch auf seinen Agenten und kam zum Vorsprechen, auch wenn er nicht unbedingt darauf erpicht war, einen 15-jährigen spielen zu müssen.

Van der Beek flog nach Los Angeles und sprach dort vor Kevin Williamson, dem Casting-Direktor und einigen Vertretern des WB Networks vor. Williamson war von dem, was er sah, sofort begeistert, doch die Vertreter des Networks hätten lieber einen etwas bekannteren und dementsprechend zugkräftigeren Namen gesehen. Für Van der Beek war die Show jedoch erledigt. Er kehrte an die Drew Universität zurück und widmete sich wieder seinem Studium, als ein Anruf durchkam, der ihm klarmachte, dass er in die engere Wahl für den Part gezogen worden ist. Doch zuvor wollten die Produzenten Williamson und Paul Stupin noch einmal mit ihm sprechen. Also flog er abermals nach Los Angeles und traf sich mit den Beiden. Nach beendetem Gespräch hatte er die Rolle in der Tasche.

Schon kurz darauf, im Mai 1997, begannen die Dreharbeiten in Wilmington. Da er mit einer Serie Vollzeit ausgelastet war, unterbrach Van der Beek sein Studium. Als die Serie wenig später auf dem WB startete, waren alle Beteiligten von dem Erfolg überrascht. Sie wussten, dass sie ein Produkt von hoher Qualität abgeliefert hatten, aber keiner von ihnen hätte erwartet, dass die Serie derart gut einschlagen würde.

Da die erste Staffel nur eine halbe mit 12 Folgen war, wurde sie komplett gedreht, bevor überhaupt eine Folge im Fernsehen lief. Die Ausstrahlung erfolgte Anfang 1998 und machte schnell klar, dass es mit der Serie langfristig weitergehen würde. Es war Zeit für James van der Beek, aber auch für seine Kollegen, ihre

Lebensplanung neu auszurichten. Denn jetzt befand er sich auf der Überholspur.

1998 kam der Film **Harvest** auf den Markt, der sich mit der Drogenthematik befasst und noch gedreht wurde, bevor Van der Beek mit **Dawson's Creek** bekannt geworden ist. Direkt danach spielte er in dem Sportlerdrama **Varsity Blues** mit, in dem er einen Footballspieler gab, der sein Team zum Sieg führt und dabei den skrupellosen Trainer stürzt. Für James war dies freilich wie ein Traum, konnte er in diesem Film doch seine Liebe zum Football ausleben. Der Film erwies sich als guter Erfolg und spielte mehr als 32 Millionen Dollar ein. Angesichts der relativ geringen Produktionskosten ein durchaus sehr schönes Ergebnis.

Direkt nach diesem Film ging es mit **Dawson's Creek** weiter, das quotenmäßig noch stark zulegen konnte.

Im Jahr 2000 absolvierte Van der Beek einen Cameo-Auftritt in **Scary Movie** und spielte dabei Dawson Leery bzw. sich selbst. Einen weitaus größeren Part, nämlich die Hauptrolle, hatte er in Steve Miners Western **Texas Rangers** inne. Er bekam eine Gage von drei Millionen Dollar, was zeigt, wie heiß er mittlerweile war (waren es bei **Varsity Blues** doch „nur" 200.000 Dollar gewesen, mit denen er entlohnt worden ist). Unter der Regie von Steve Miner, der auch schon an **Dawson's Creek** gearbeitet hatte, entstand ein postmoderner Western, in dem Van der Beek einen der jungen Männer spielte, die zu den neu gegründeten Texas Rangers kommen und für Recht und Gesetz sorgen.

Einen weiteren Gastauftritt absolvierte er in Kevin Smiths **Jay und Silent Bob schlagen zurück**, in dem er sich selbst spielt und zusammen mit dem aus **American Pie** bekannten Jason Biggs das Kostüm des Superheldenduos Bluntman und Chronic überstreifen soll. Dabei offenbart van der Beek auch seine Fähigkeit, sein eigenes Image auf selbstironische Weise auseinander zunehmen.

Im Jahr 2002 stellte Van der Beek unter Beweis, dass er ein ausgezeichneter Schauspieler ist. Er erhielt die Hauptrolle in der Brett Easton Ellis-Verfilmung **Die Regeln des Spiels**, in dem er Sean Bateman, den Bruder des **American Psycho** Patrick Bateman, spielte, der nur an einem interessiert ist: Frauen, Drogen, Spaß. **Die Regeln des Spiels** ist ein außergewöhnlicher Film, der Konventionen sprengt und auch dann nicht abblendet, wenn es unangenehm wird. Und das gilt auch in Bezug auf seine Darsteller, die hier alles geben. So gut wie in diesem Film war James van der Beek noch nie!

Nachdem **Dawson's Creek** mit der sechsten Staffel abgeschlossen war, spielte Van der Beek im Juni 2003 in dem Off-Broadway-Stück „Rain Dance".

Direkt nach **Dawson's Creek** begann für van der Beek eine Saure-Gurken-Zeit. Die Filme, die man ihm anbot, waren nicht gerade die besten, so etwa **Eye of the Beast** mit einem Riesen-Oktopus, die nur mit Clive Barkers Namen kokettierende Horrorgeschichte **Die Seuche** oder der Fernsehfilm **Entführt – Eine Frau kämpft um ihre Freiheit**. Ein Highlight war dafür der Serienkillerfilm **Stolen Lives** mit Jon Hamm, der weit mehr Aufmerksamkeit verdient hätte, als er bekommen hat.

In den letzten Jahren folgten der TV-Zweiteiler **The Storm – Die große Klimakatastrophe**, die Komödie **Mrs. Miracle**, das Crime-Drama **Salem Falls** und Jason Reitmans Drama **Labor Day**.

Dass er zur Selbstironie fähig ist, zeigten nicht nur seine Auftritte in **How I Met Your Mother** als fetter, kahler Möchtegern, sondern auch die Sitcom **Apartment 23**, in der er sich selbst spielt.

Er hat auch in einer Reihe von Webvideos mit Titel **Asshole for Hire** mitgespielt, in denen er sich selbst spielt und kräftig auf die Schippe nimmt.

Kurzlebig war die Serie **Mercy** im Jahr 2010 und auch **Friends with Better LIves** lief 2014 nicht lange. MIt **CSI: Cyber** hat er nun aber eine Hauptrolle in einer neuen Erfolgsserie übernommen.

Von 2003 bis 2010 war van der Beek mit seiner Kollegin Heather McComb verheiratet, dann ließ sich das Paar scheiden. Nur wenige Monate später er die Produzentin Kimberly Brook, mit der er drei Kinder hat.

Katie Holmes

Sie ist eine der erfolgreichsten Schauspielerinnen ihrer Generation, der Star einer gut laufenden Serie und hat in großen und kleinen Rollen in ebenso großen und kleinen Filmen mitgespielt. Sie schmückte das Cover von Dutzenden unterschiedlicher Magazine und hat überall auf der Welt Verehrer, die ihr zu Füßen liegen. Hollywood kennt sie jedoch – überspitzt ausgedrückt – nur vom Hörensagen.

Das mag mit ein Grund sein, warum Katie Holmes trotz ihres Erfolges, der buchstäblich über Nacht kam, nicht abgehoben ist, sondern von Freunden und Kollegen als bodenständige junge Frau ohne jedwede Starallüren beschrieben wird. Die Stadt der Engel kennt sie nur durch Besuche, ihr Leben verbringt sie neun Monate im Jahr in der Kleinstadt Wilmington, North Carolina, in der **Dawson's Creek** seit fünf Jahren produziert wird. Ein anderer Faktor des Erfolgs ist sicherlich ihr Fleiß und ihre Integrität, derentwegen sie sogar die Chance auf den Serienerfolg aufgegeben hätte, wenn Kevin Williamson ihr nicht entgegengekommen wäre.

Katherine Noelle Holmes wurde am 18. Dezember 1978 in Toledo, Ohio, als letztes von fünf Kindern geboren. Sie war das Nesthäkchen der Familie und wurde nicht nur von ihren Eltern, sondern auch von ihren Geschwistern beschützt. Mit ihrer besten Freundin Meghann Birie, die sie im Kindergarten kennen lernte und mit der sie auch heute noch oft etwas unternimmt, besuchte Katie die Notre Dame Academy, eine reine

Mädchenschule, die von Nonnen geleitet wurde. Das Thema „Sex" – bei Dawson's Creek wird ausgiebig darüber philosophiert – kam hier so gut wie gar nie auf.

Ihre Mutter schrieb sie an der Margaret O'Brien Modeling School ein, da sie der Meinung war, ihre Tochter würde dort beste Manieren lernen – dass von dort aus eine Karriere im Modelgeschäft hätte starten können, daran verschwendete die Mutter keinen Gedanken. Und Katie ebenso wenig, doch als sie im Alter von 17 Jahren einen Monolog aus *To Kill a Mockingbird* zum Besten gab, gewann sie damit in einem Talentwettbewerb, durch den einige Agenten auf sie aufmerksam wurden.

Ihr Vater war nicht darauf erpicht, sein kleines Mädchen einfach so in die große Stadt ziehen zu lassen, erklärte sich aber damit bereit, sie für ein paar Vorsprechen nach Los Angeles fliegen zu lassen. Ihr Agent, Al Onorato, der sie nach Los Angeles gelockt hatte, übernahm alles weitere und arrangierte ein Vorsprechen für Ang Lees **Der Eissturm**.

Katie sprach vor und Ang Lee war begeistert. Die Rolle der Libbets Casey war relativ klein, forderte ihr aber alles ab, musste sie doch darstellen, wie das Mädchen durch den Einfluss von Alkohol und Schlaftabletten vor sich hin dämmerte. „Ich hatte keine Erfahrungen mit Drogen, aber ich habe Leute gesehen, die betrunken oder high waren. Sie bewegten sich so, als wären sie sehr müde – und genauso hab ich's gespielt."

Nach diesem ersten Erfolg – ihre Darstellung wurde auch von Kritikern anerkannt – kehrte sie nach Toledo zurück, um ihr letztes Jahr an der High School zu

Ende zu bringen. Dort erhielt sie die Hauptrolle der Lola in einer Schulinszenierung des Musicals *Damn Yankees*. Von ihrem Agenten erfuhr sie, dass Kevin Williamson sein erstes Serienkonzept entwickelt hatte, wobei es hier um Teenager ging, die sich auch wie echte Teenager benahmen. Katie, die bislang gar nicht wusste, ob sie zur professionellen Schauspielerei zurückkehren sollte oder überhaupt davon leben konnte, war daran interessiert. „Von dem Moment, da ich das Skript gelesen hatte, wollte ich Teil dieser Show sein. Ich liebte es und konnte mich damit so stark identifizieren. Kevin fing perfekt die Art ein, wie Teenager sind und wie sie sich unterhalten."

Katie konnte nicht selbst in Los Angeles vorstellig werden, da ihr enger Zeitplan mit Schule und dem Musical dies nicht zuließ. Darum nahm sie ihr Vorsprechen auf Video auf und schickte das Tape ab. Wenig später erhielt sie einen Rückruf. Man bat sie, den nächsten Flieger zu besteigen und vor Kevin Williamson und den Produzenten vorzusprechen. Doch Katie lehnte ab.

Der Termin, den man ihr nannte, kollidierte mit dem Tag, an dem *Damn Yankees* Premiere haben würde und Katie hatte nicht vor, ihre Freunde diesbezüglich im Stich zu lassen. Lieber wollte sie auf die Chance verzichten, Teil der Serie zu werden. Kevin Williamson, der das Tape gesehen hatte und sofort von Katies Ausstrahlung verzaubert war, arrangierte einen neuen Termin eine Woche später. Er war nicht gewillt, auf sie zu verzichten. In der nächsten Woche sprach Katie mehrmals für das Studio und für die Verantwortlichen des WB Networks vor. Noch in derselben Nacht rief

Williamson sie an und gratulierte Katie – die Rolle gehörte ihr.

Mit **Dawson's Creek** veränderte sich Katies Leben total. Sie zog nach Wilmington, einer wunderschönen Küstenstadt, in der die Serie gedreht wird und stürzte sich mitten ins Abenteuer. Erfahrungen hatte sie ohnehin nur durch **Der Eissturm** sammeln können, aber im Grunde war sie noch immer eine blutige Anfängerin, die von nichts eine Ahnung hatte. Schon während der Dreharbeiten ihres ersten Films hatte sie jeden, der ihr nicht schnell genug entkommen konnte, mit Fragen gelöchert. „Ich hatte überhaupt keine Ahnung. Jeder, von der für das Make-up zuständigen Dame bis zum Kameramann, musste mir alles haargenau erklären. Die müssen alle gedacht haben, ich sei ein kompletter Idiot."

Dawson's Creek brachte ihr nicht nur Ruhm und Reichtum, sondern auch die erste große Liebe. Zwischen ihr und ihrem Kollegen Josh Jackson sprühten die Funken und während der Produktion der ersten Staffel waren beide ein Paar. Das gemeinsame Glück war nur von kurzer Dauer, doch sind beide noch heute beste Freunde.

Die Serie wurde von Kritik und Publikum sehr gut aufgenommen und ihre Hauptdarsteller avancierten zu Stars und Teenie-Idolen. Neben James van der Beek richtete sich das öffentliche Interesse besonders stark auf Katie Holmes, die dieses auch bestens zu nutzen wusste. Katie genießt es, **Dawson's Creek** zu drehen, doch nach neun Monaten, die im Dienste der Serie stehen, möchte sie auch etwas anderes machen. Sie war die erste aus dem Ensemble, die sich aktiv bemühte, während der Sommerpause andere Projekte in Angriff zu nehmen. Dabei bewies sie ein ausgesucht gutes Händchen, wählte sie doch sehr unterschiedliche Filme, die ihr die Möglichkeit gaben, aus dem Schatten von Joey Potter zu treten.

Eine Hauptrolle hatte sie in dem Teen-Horrorfilm **Dich kriegen wir auch noch**, der jedoch vor Veröffentlichung von den Produzenten massiv gekürzt worden war und als Rumpffassung an der Kinokasse Schiffbruch erlitt. Besser aufgenommen wurde dagegen Doug Lymans **Go**, den dieser seinem überraschendem Erfolg **Swingers** folgen ließ. Hier hatte Katie nur eine Nebenrolle, war jedoch in allen drei Geschichten dieses komplex gestalteten Films zu sehen. Einem Cameo-Auftritt bei **Muppets aus dem All** ließ sie eine weitere Zusammenarbeit mit Kevin Williamson folgen, der mit **Tötet Mrs. Tingle** sein Debüt als Regisseur gab. Der Film selbst enttäuschte an den Kinokassen. Schuld daran mag gewesen sein, dass der Film seinem Titel zum Trotz viel zu brav geraten ist.

Eine ganz kleine Rolle – sie ist gerade mal knappe sieben Minuten im Film präsent – spielt sie in der Verfilmung des Michael-Chabon-Romans **Wonder Boys**. An der Seite von Michael Douglas brilliert sie als Studentin, die ihrem Professor näher kommen will. Für diesen Film interessierte sie sich, weil er ihr die Gelegenheit gab, mit älteren, erfahreneren Schauspielern zu arbeiten. „Ich verbringe neun Monate im Jahr mit Leuten meines Alters bei Dawson's Creek." Da ist es nur passend, dass sie sich abseits der Serie nach gänzlich anderen Herausforderungen umsieht.

Eine solche Herausforderung meisterte sie mit Sam Raimis Mystery-Thriller **The Gift**, bei dem sie anfangs das nette Mädchen von nebenan spielt, später jedoch zur eiskalten Schlampe wird. Und als solche ließ Katie Bluse und BH fallen, was schon im Vorfeld der Veröffentlichung zu Jubel unter ihren männlichen Fans führte.

Sie bedauert es nicht, sich vor der Kamera ausgezogen zu haben, erklärt jedoch, dass weder ihre Eltern noch ihr Bruder sich überwinden konnten, sich den Film anzusehen. „Ich glaube, nackt zu sein, war für die Szene und die Figur von absoluter Wichtigkeit. Es passte perfekt. Ich hoffe nur, dass die Leute bei ihren DVD Playern nicht allzu oft die Pausetaste betätigen."

Nun ja, auf jeden Fall lohnt es sich, bei dieser Szene, die auch den Höhepunkt des Films bildet und die Identität des Killers enthüllt, mal genauer hinzusehen ...

Danach hieß es für die Freundin von **American Pie**-Star Chris Klein, die es versteht, ihre Beziehung und ihr Privatleben vor der Presse abzuschirmen, zur fünften Staffel von **Dawson's Creek** zurückzukehren. Diese ist mittlerweile in den USA gelaufen, womit das Warten auf das sechste Jahr beginnt. Ob es darüber hinaus **Dawson's Creek** mit der alten Besetzung geben wird? Das kann nur die Zeit zeigen, läuft der Vertrag mit den Schauspielern doch nach der sechsten Season aus. Darum stellt sich natürlich die Frage, ob Katie danach wohl aussteigen wird. In einem Interview mit dem US-Magazin *GQ* meinte sie dazu vielsagend: „Ich meine, manchmal denke ich mir schon, ich sollte mal etwas anderes machen, aber wir alle haben eine gute Zeit mit der Serie und es ist nett, in Wilmington zu leben."

Mögen die Tage von Joey Potter gezählt, an Katie Holmes kommt man nicht mehr vorbei. Noch in diesem Jahr starten zwei neue Filme mit der 23-jährigen. In dem in Montreal gedrehten **Abandon**, ein Psychothriller von **Traffic**-Autor Stephen Gaghan, der die Hauptrolle Katie auf den Leib geschrieben hat, spielt sie eine Studentin, die nach ihrem verschwundenem Freund sucht. Einen kleineren Part hat sie dagegen in dem Thriller **Phone Booth**, bei dem der Großteil der Handlung innerhalb einer Telefonzelle abläuft. Darin geht es um den von Colin Farrell dargestellten Stuart, der an einer Telefonzelle vorbei geht und – als es klingelt – abhebt. Der Anrufer erklärt ihm, dass er weder aufhängen noch die Telefonzelle verlassen darf. Andernfalls ist er tot – und der kleine rote Punkt des Laserzielsuchers ist Beweis genug, dass es der Anrufer ernst meint.

dem folgte das Drama **Pieces of April**, in dem Holmes eine junge Frau spielt, die ihre entfremdete Familie zu den Thanksgiving-Feiertagen in ihr kleines New Yorker Apartment einlädt.

Eine Nebenrolle spielt Holmes an der Seite von Mel Gibson in **The Singing Detective**, einem komischen Musical, basierend auf der britischen Fernsehserie. Hier ist sie als Schwester Mills zu sehen.

Danach kam **First Daughter**. In der von Forest Whitaker inszenierten Komödie spielt die Tochter des Präsidenten, die sich auf dem College in einen mysteriösen Studenten verliebt. Der Student wird übrigens von **Buffy**-Star Marc Blucas gespielt.

Damit scheint sie auch endgültig den filmischen Wandel vom Mädchen zur Frau zu vollziehen, spielte sie bisher doch oft das typische *good Girl*, das Schwiegereltern in Verzückung versetzt.

Im Kino war sie in Christopher Nolans **Batman Begins** zu sehen, danach kam der Karriereknick. Nicht, weil die Angebote ausblieben, sondern weil sie Tom Cruise heiratete, sich auf die Familie konzentrierte und Mutter wurde. Ganz weg vom Fenster war sie nicht, der große Erfolg fehlte aber. So war sie zwar Jackie Kennedy in der Serie **Die Kennedys**, in **Hüter der Erinnerung** und wiederkehrend in der Serie **Ray Donovan** zu sehen, ein richtiger Star ist sie jedoch nicht mehr. Seit 2012 ist sie von Tom Cruise geschieden.

Joshua Jackson

Joshua Carter Jackson wurde am 11. Juni 1978 in Vancouver, Kanada, geboren. Seine ersten Lebensjahre verbrachte er jedoch in San Francisco, wo die Familie lebte, da seine Mutter als Casting-Direktor für die Serie **MacGyver** gearbeitet hat (darum tauchte der kleine Joshua auch des öfteren als Statist in der Serie auf). Schon damals war dem kleinen Josh klar, dass dies etwas ganz Besonderes war. Darum wollte er auch unbedingt Schauspieler werden.

Als er acht Jahre alt war, kehrte die Familie nach Kanada zurück, was auch mit der Scheidung der Eltern zu tun hatte, woraufhin Josh und seine Schwester alleine mit der Mutter lebten. Die hoffte immer, ihren Sohn von der Idee, Schauspieler werden zu wollen, abbringen zu können, doch ihr Plan, ihn im Alter von elf Jahren zu einem Vorsprechen zu bringen und zu hoffen, dass die Absage ihn desillusionieren würde, ging nicht auf, da er den Job tatsächlich bekam.

Sein Filmdebüt gab er in **Zwischen Liebe und Hass**, der 1991 jedoch nicht für Aufsehen sorgte. Ganz anders hingegen die Walt-Disney-Produktion **Mighty Ducks**, der 1992 in die Kinos kam und sich als Überraschungserfolg erwies. Jackson spielte hier einen der jungen Eishockeyspieler, die von Emilio Estevez trainiert werden. Der Film lief äußerst erfolgreich, weswegen es 1994 und 1996 zwei Fortsetzungen gab, in denen er mit dabei war. Im dritten Teil war er gar schon zum Trainer eines eigenen Teams aufgestiegen, was daran lag, dass er sich als einer der populärsten Mighty Ducks bei den beiden ersten Filmen erwiesen hat.

Während der Erfolg als Schauspieler kam, begannen die Probleme in der Schule, denn Jackson erwies sich mehr und mehr als Störenfried. Dies war im Endeffekt seine wilde Phase, die er jedoch schon bald wieder hinter sich ließ.

Während der Jahre mit den **Mighty Ducks** drehte er **André – Die kleine Robbe** und **Geliebtes Monster**, beides Filme, die auf ein jüngeres Publikum zugeschnitten sind. Interessanter war dahingegen schon **Robin räumt ab**, der nichts anderes ist als eine moderne und jugendliche Version von Robin Hood, der die Reichen bestiehlt und es den Armen gibt. In **Ronnie und Julie – Verbotene Küsse** konnte Jackson sich dann als jugendlicher Romeo versuchen, der die Unbill des Schicksals überwinden muss, um zu seiner Julia zu kommen. Anders als bei Shakespeare erfahren die Liebenden hier am Ende jedoch ein Happyend.

Bevor die Gelegenheit für **Dawson's Creek** kam, wirkte er noch in dem Fernsehfilm **Deep Running – Flucht zu zweit** mit. Ursprünglich hatte er sich für den Part von Dawson Leery beworben, doch Kevin Williamson war der Meinung, dass er für diesen nicht passte. Dafür sah er in ihm den perfekten Pacey, weswegen Jackson für diesen Part vorsprach und ihn schließlich auch bekam.

Während die Dreharbeiten zur ersten Staffel liefen, lud Williamson Jackson zu einem Cameo-Auftritt in **Scream 2** ein, wo der junge Mime einen der Filmstudenten darstellt. Im ersten Jahr der Dreharbeiten für **Dawson's Creek** teilten Jackson und James van der Beek sich ein Apartment. Darüber hinaus war Joshua einige Zeit mit Katie Holmes, für die er ihr erster Freund gewesen ist, liiert.

Weniger zufrieden war er mit der Frisur, die man Pacey verpasst hatte. Der Cäsar-Schnitt gefiel ihm gar nicht, weswegen er immer wieder darauf hinarbeitete, die Haarpracht von Pacey Witter zu ändern. Mit Beginn der zweiten Staffel hatte er endlich Erfolg, womit Pacey deutlich männlicher wirkte als noch im Jahr zuvor.

Neben seiner Arbeit für die Serie war Jackson auch immer darauf bedacht, in Filmen mitzuwirken. Dabei nahm er vor allem Nebenrollen an, um so nicht sofort die Last eines Films auf seinen Schultern tragen zu müssen. Neben einem kleinen Part in der Stephen-King-Verfilmung **Der Musterschüler** war er auch in dem Slasherfilm **Urban Legend – Düstere Legenden** zu sehen. In letzterem fand er einen frühen Tod, hinterließ jedoch Eindruck. Dem folgte der Film **Eiskalte Engel**, eine moderne Version von **Gefährliche Liebschaften**, in dem er einen homosexuellen Mann spielte und damit sein eigenes Image brechen konnte.

1998 spielte er in dem Kurzfilm **The Battery** mit, der von **Star Trek: Voyager**-Darsteller Robert Duncan McNeill geschrieben und inszeniert worden ist. Im Jahr darauf absolvierte er in dem Film **Muppets aus dem All** einen Cameo-Auftritt und spielte dabei Pacey Witter (zusammen mit Katie Holmes als Joey Potter).

Im Jahr 2000 war es endlich soweit. Joshua Jackson war zu dem Entschluss gekommen, dass es nun an der Zeit war, endlich einmal eine Hauptrolle in einem

Film zu spielen. Das Ergebnis war **The Skulls**, ein Thriller, bei dem sein Co-Star der junge Paul Walker war. Im selben Jahr wirkte er in dem Film **Tödliche Gerüchte** mit, der jedoch weniger erfolgreich an den Kinokassen angenommen worden ist.

Neben seiner Arbeit für **Dawson's Creek** war Joshua Jackson alles andere als untätig. Er wirkte 2001 in dem Drama **The Safety of Objects** mit und war im Jahr darauf sowohl in dem Drama **The Laramie Project** als auch der Komödie **Cowboys und Idioten** mit. Sein neuester Film ist das Drama **I Love Your Work**, in der ein Filmstar seinen größten Fan verfolgt. Eine weitere Hauptrolle in diesem Film wird von Franka Potente gespielt.

Auch nach dem Ende von **Dawson's Creek** ist Jackson nicht untätig. Bereits fünf Filme sind angekündigt oder bereits in Arbeit für die Jahre 2004 und 2005. Bereits in der Postproduktion befindet sich **Americano**, in dem Jackson einen jungen Mann spielt, der in Europa unterwegs ist und sich nun die Frage stellen muss, ob er nach Hause zurückkehrt, um Karriere zu machen oder lieber das Abenteuer suchen soll. Gerade gedreht wird der Horrorfilm **Cursed**, der wie sein Titel andeutet, verflucht ist. Dieser Werwolffilm von Wes Craven und Kevin Williamson wurde mitten in der Produktion gestoppt und dann von neuem begonnen, wobei einige Rollen neu besetzt werden mussten. Neu im Cast ist nun auch Jackson.

Danach war er in **Aurora Borealis** zu sehen, in dem er einen jungen Mann spielt, dem der Tod der Eltern schwer zusetzt. Seine Großeltern werden von

Donald Sutherland und Louise Fletcher gespielt. In **Shadow Dancer** spielt Jackson einen jungen Autor, der ein literarisches Genie, dargestellt von Harvey Keitel, in Italien aufspürt, um von ihm zu lernen. In weiteren Hauptrollen sind Gerard Depardieu und Claire Forlani mit von der Partie. Außerdem leiht Jackson seine Stimme einer Figur des Zeichentrickfilms **Racing Stripes**.

Einer von vielen in einem exzellenten Cast war er in Emilio Estevez' **Bobby**, in dem es um den Mord an Robert Kennedy geht. Wenig später kehrte Jackson in die Welt des Horrors zurück und spielt in **Shutter**, dem Remake des Asia-Schockers, die Hauptrolle.

Dass er die Rolle von Bruce Wayne nicht erhalten hat, ist bedauerlich, aber letzten Endes nicht weiter von Belang, denn obschon seine Kinokarriere nicht gerade mit Blockbustern gesegnet ist, bedeutet für Joshua Jackson die Rückkehr ins Fernsehen auch die Rückkehr zum großen Erfolg.

Mit seinem Vorsprechen als Peter Bishop überzeugte er J.J. Abrams und die Produzenten von **Fringe**, die ihn in der Heldenrolle besetzten. Dabei sprach er gar nicht für **Fringe** vor. Er sprach für den Part von James T. Kirk in Abrams' **Star Trek** vor. Und darauf bot man ihm die Rolle in **Fringe** an.

Er war der letzte Hauptdarsteller, der zu der Serie stieß. Neben seiner Karriere bei Film und Fernsehen hat er sich auch am Theater versucht und agierte 2005 an der Seite von Patrick Stewart in London in "A Life in the Theatre".

Neben Katie Holmes hatte Jackson Affären mit Julia Stiles, Britanny Daniel und Rosario Dawson. Seit

2008 ist er mit der deutschen Schauspielerin Diane Krüger zusammen. **Fringe** lief mehrere Jahre, danach fand er ein weiteres Serien-Engagement mit der hoch gelobten Show **The Affair**.

Michelle Williams

Michelle Wiliams wurde am 9. September 1980 in dem kleinen Örtchen Kalispell, Montana, geboren und ist damit die jüngste Darstellerin der Serie. Insofern war sie ihrem 15-jährigen Alter Ego Jennifer Lindley zumindest in Lebensjahren sehr ähnlich, wenngleich ihr Erfahrungsschatz doch ein gänzlich anderer ist. Da die Winter in Montana äußerst hart und unwirtlich sind, entschloss sich die Familie, in ein deutlich freundlicheres Klima umzusiedeln, weswegen man sich auf den Weg nach Kalifornien machte. In San Diego ließen die Williams sich schließlich nieder.

Ihr Interesse für die Schauspielerei wurde geweckt, als sie das erste Mal ein Theaterstück sah. Wie die Leute dort oben wollte auch sie auf der Bühne stehen. Sie konnte ihre Eltern überzeugen, ihr dabei zu helfen, ihren Traum zu verfolgen und schon wenig später spielte sie in örtlichen Theatern mit. Nach ersten Erfahrungen mit der Bühne fuhr Michelle immer wieder mit ihrem Vater nach Los Angeles zu Vorsprechen. Es gelang ihr auch, bei Serien wie **Baywatch** oder **Eine starke Familie** Gastauftritte zu ergattern.

Ihr Durchbruch folgte praktisch 1994 mit dem Remake von **Lassie**, in dem sie die Freundin der Collie-Hündin darstellte. Gleich darauf folgte ein völlig gegensätzlicher Film: der Sci-Fi-Schocker **Species**. Hier spielt sie die junge Sil, deren erwachsenes Ich später von Natasha Henstridge dargestellt wird. Während der Dreharbeiten wurde sie 14 Jahre alt, weswegen die Kollegen eine riesige Party für sie gaben.

Weniger Spaß hatte sie allerdings auf der High School, da sie dort ihres Jobs wegen eine Außenseiterin war. Sie fehlte wegen ihrer Engagements häufig in der Schule und fand dementsprechend dort auch keine Freunde. Zudem waren viele ihre Mitschüler neidisch auf sie und machten ihr das Leben schwer. Sie verließ schließlich die Schule und wurde zuhause von ihrem Vater unterrichtet. Im Alter von 15 Jahren erwirkte sie gerichtlich, wie eine Erwachsene behandelt zu werden. Ein Jahr später zog sie alleine nach Los Angeles, vermisste ihre Familie aber sehr.

1995 spielte sie in dem Science-Fiction-Film **Timemaster** mit, den sie selbst als Timewaster (Zeitverschwender) bezeichnet. Dazu kam die Fernsehserie **Raising Caines** und das Fernsehdrama **Geschändet – Ein Sohn unter Verdacht**. Ebenfalls für das Fernsehen entstand der Film **Das Mörderische Klassenzimmer**.

Ein Highlight in ihrer Karriere ist der Film **Tausend Morgen** aus dem Jahr 1997, in dem sie mit Michelle Pfeiffer und Jessica Lange zusammenarbeitete. Ihre Rolle war zwar nicht sehr groß, doch noch heute ist Williams überzeugt, dass sie hier mehr als irgendwo sonst gelernt hat.

Als sie von **Dawson's Creek** hörte, sprach sie für die Serie vor. Sie erhielt den Job und war erfreut, wie glaubwürdig und realistisch das Leben von Teenagern dargestellt wurde. Erst im Verlauf der Serie wurde sie mit ihrem Part unzufriedener, da es den Autoren mitunter sehr schwer fiel, ihrem Charakter neue Entwicklungsmöglichkeiten abzugewinnen. Aus diesem

Grund wollte sie nach der dritten Staffel auch am liebsten aussteigen, doch ihr Vertrag lief über sechs Jahre und die Produzenten wollten sie gerne in der Serie behalten.

Ihre Arbeit mit Kevin Williamson war es auch, die es ihr ermöglichte, in **Halloween H20** mitzuspielen, wo sie die Freundin des Heldin darstellt. Entfalten konnte sie sich mit diesem Part jedoch nicht, war ihre Figur doch recht klischeehaft gezeichnet.

Im Jahr 1999 spielte sie neben Kirsten Dunst die Hauptrolle in der Komödie **Wir lieben Dick**, in der gezeigt wird, wie es wirklich war, als Watergate Richard Nixon zu Fall brachte. Der Film floppte, weswegen Williams die nächste Sommerpause nutzte, um in dem Off-Broadway-Stück „Killer Joe" mitzuspielen. Hier spielt sie ein Mädchen, das von ihren Eltern einem Killer als Bezahlung gegeben wird.

Zu sehen ist Michelle Williams auch in dem Film **Weil ich ein Mädchen bin**. Außerdem wirkte sie in dem Episodenfilm **Women Love Women** mit, der auf einfühlsame Weise zeigt, wie das Leben lesbischer Frauen aussehen kann (aber nicht zwangsweise muss). Zu jener Zeit konnten sie und ihre Koautorin Megahn Perry das Drehbuch **Don't Blink** verkaufen, in dem beide auch mitspielen wollten, doch der Film wurde nie realisiert.

2001 war Williams in drei Filmen mit dabei. **Perfume** ist ein Drama, in dem sie nur eine Nebenrolle besetzte, während ihre Rolle in dem Drama **Prozac Nation** deutlich größer war, Außerdem konnte man sie in dem Film **Me Without You**, der von zwei Freundinnen im London der ausgehenden 70er Jahre berichtet.

Im darauffolgenden Jahr beschäftigte sie sich nur mit **Dawson's Creek**, fand dafür aber 2003 die Zeit, in drei Filmen mitzuwirken. Eine Nebenrolle spielte sie in dem Drama **The United Stated of Leland**, der tragischen Komödie oder komischen Tragödie **The Station Agent** und der Komödie **A Hole in One**, in dem auch Meat Loaf mit dabei ist. Nach dem Ende von **Dawson's Creek** konzentrierte sie sich noch mehr auf ihre Filmkarriere. Da verwundert es nicht, dass schon wieder drei Filme auf dem Plan stehen.

Williams war mit Heath Ledger zusammen. Das Paar hat auch eine gemeinsame Tochter. Als Ledger starb, waren sie schon getrennt, aber noch immer gute Freunde, weswegen sein Tod sie auch sehr mitnahm.

Beide lernten sich bei **Brokeback Mountain** kennen. Von da an war Williams in einer Reihe herausragender Filme zu sehen, die zeigten, wie sehr sie als Schauspielerin gereift war: **Blown Apart**, **Blue Valentine**, **Shutter Island**, **My Week with Marilyn** und **Suite Francaise**. Einen großen Hit hatte sie mit **Die fantastische Welt von Oz**.

Kerr Smith

Kerr Smith wurde am 9. März 1972 in Exton, Pennsylvania, geboren. Damit ist er der Älteste unter den (jugendlichen) Hauptdarstellern. Als Jack McPhee ist er erst mit der zweiten Staffel zu **Dawson's Creek** gestoßen, als Kevin Williamson dort das Ensemble weiter ausbauen wollte und das Geschwister-Paar McPhee eingeführt hat. Seinen Vornamen hat er übrigens seiner Großmutter zu verdanken, dessen Mädchenname Kerr war.

Als er zu **Dawson's Creek** stieß, war er bereits 25 Jahre alt, hatte aber bisher kaum irgendwelche Credits im Filmgeschäft vorzuweisen. Aufgewachsen ist er in Philadelphia, wo er eine normale Kindheit erlebte. Zwar interessierte er sich schon während seiner Zeit an der High School für die Schauspielerei und wirkte bei einer Schulaufführung von „Der König und Ich" mit, aber er hätte sich damals noch nicht träumen lassen, dass er eines Tages versuchen würde, eine Karriere in dieser Profession anzustreben.

Stattdessen besuchte er die Universität von Vermont und studierte verschiedene Wirtschaftsfächer. Er machte seinen Abschluss und arbeitete in der Marketing-Firma seines Vaters, merkte jedoch bald, dass dies etwas war, das ihm gar nicht lag. Darum entschloss er sich von heute auf morgen, es doch als Schauspieler zu versuchen.

Er reiste zwischen Philadelphia und New York hin und her, um an Vorsprechen teilnehmen zu können, aber da hierfür viel Zeit aufgewendet werden wusste, entschied er sich schließlich, nach New York zu ziehen. 1995 hatte er eine Statistenrolle in **12 Monkeys** inne, doch fiel diese der Schere zum Opfer. Seine Mutter, die ebenfalls als Statistin bei dem Film mitwirkte, ist jedoch noch darin zu sehen. Einen ersten Erfolg konnte er verzeichnen, als er eine Rolle in der Daily Soap **As the World Turns** erhielt, doch richtig auf sich aufmerksam machte er erst durch **Dawson's Creek**.

Im Frühjahr 1998 zog er nach Los Angeles und wenige Monate später wurde er für die Serie verpflichtet, die ihm einem großen Publikum gegenüber bekannt machen sollte. Zu **Dawson's Creek** kam er, nachdem er sich für eine Rolle bei **Party of Five** beworben, aber sie nicht bekommen hatte. Als es jedoch ans Casting für die Rolle von Jack McPhee ging, erinnerte sich einer der Casting-Mitarbeiter an ihn und lud ihn zum Vorsprechen ein.

Seitdem er in der Serie dabei war, absolvierte er vier Gastauftritte bei anderen Serien: **Baywatch**, **The Outer Limits**, **C.S.I.** und **Miss Match**. Neben seiner Arbeit für Kevin Williamsons Serie fand er die Zeit, in den Filmen **Hit and Runway**, **Club der gebrochenen Herzen** (geschrieben und inszeniert von **Dawson's Creek**-Autor Greg Berlanti) und **Lurid Days in Hell**.

Ein großer Erfolg war ihm mit dem Horrorfilm **Final Destination** beschieden, der sich vom üblichen Schema der damals gängigen Filme abhob und an den Kinokassen sehr gut lief. Im Jahr darauf versuchte er sich erneut am Horror, doch der Vampirfilm **The Forsaken – Die Nacht ist gierig** wurde vom Publikum nicht weiter beachtet. Wenig Beachtung erfuhr auch der

Actionthriller **Pressure**, in dem Kerr einen von zwei Medizinstudenten spielt, die von zwei Polizisten gejagt werden, da sie zur falschen Zeit am falschen Ort waren. Sein neuestes Projekt ist der Fernsehfilm **Critical Assembly**, einem Thriller, in dem zwei College-Studenten eine Atombombe konstruieren, die gestohlen wird. In diesem Film spielt Kerr zusammen mit Katherine Heigl, womit er ein zweites Mal mit einem Star aus der Serie **Roswell** in einem Film war (der erste war **The Forsaken** mit Brendan Fehr).

In der sechsten Staffel von **Dawson's Creek** hat Kerr Smith sein Regiedebüt mit der Episode „Everything Put Together Falls Apart" gegeben. Nach dem Ende der Serie verlief seine Karriere etwas im Sand. Kevin Williamson holte ihn aber immerhin für eine Folge der Serie **Stalker**.

Meredith Monroe

Meredith Hoyt Monroe wurde am 30. Dezember 1976 in Houston, Texas, geboren. Sie war erst zwei Jahre alt, als ihre Eltern sich scheiden ließen, woraufhin die Mutter mit ihrer Tochter nach Hinsdale, Illinois, gezogen ist. In dem Vorort von Chicago wuchs Meredith auf und besuchte in den Sommern immer ihren Vater. Nach Beendigung der High School entschied sie sich gegen das College und versuchte stattdessen, als Model Karriere zu machen. Das gelang ihr auch einigermaßen, sodass das nächste Ziel – Schauspielerin zu werden – in Angriff genommen werden konnte.

Sie begann ihre Karriere 1995 mit einigen Werbespots und arbeitete gleichzeitig daran, ihre Ausbildung als Schauspielerin zu meistern. Sie verzichtete jedoch auf entsprechende Schulen und wollte vor Ort lernen. Die Chance hierzu erhielt sie in der Serie **Dangerous Minds**, die auf dem gleichnamigen Film mit Michelle Pfeiffer basiert. Sie erhielt eine wiederkehrende Rolle, die in der zweiten Staffel größer werden sollte, doch die Einstellung der Serie kam dem zuvor.

Monroe versuchte sich in verschiedenen Serien als Gaststar, so etwa auch in der recht trashigen Superheldenshow **Night Man**. Nach einem kurzen Gastspiel der Serie **Sunset Beach** stand das Vorsprechen für **Dawson's Creek** an. Sie hatte die Serie bereits gesehen und war begierig darauf, ein Teil von ihr zu werden. Als sie jedoch vorsprach, meinte sie, ihre Chance in den Sand gesetzt zu haben, doch Kevin

Williamson war von ihr sehr angetan. Er sah in Meredith Monroe genau jene Qualitäten, die Andie McPhee haben sollte. Sie blieb bis zur vierten Staffel bei der Serie. Danach wurde ihr Part aus der Serie geschrieben, da die Autoren mehr und mehr Probleme hatten, Storys für Andie zu finden. Man erklärte dies schließlich damit, dass sie nach Italien ging. Zum Finale der Staffel kehrte sie noch einmal zurück, doch dann war Schluss – zumindest offiziell. Tatsächlich hat sie jedoch drei Szenen für das zweiteilige Finale der Serie gedreht, die für die Fernsehausstrahlung der Schere zum Opfer fielen. Auf der DVD-Veröffentlichung dieser Doppelfolge befindet sich jedoch der Director's Cut, der auch ihre Szenen enthält.

In den Jahren 2000 und 2002 stand sie als Laura Ingalls Wilder in den Fernsehfilmen **Beyond the Prairie: The True Story of Laura Ingalls Wilder** und deren Fortsetzung vor der Kamera. Hier spielte sie die Frau, die die Romane zu **Unsere kleine Farm** erschuf, die die Grundlage für die spätere Serie waren.

Nach ihrem zweiten Auftritt als Laura Ingalls Wilder spielte sie eine Nebenrolle in dem Drama **The Year That Trembled**, spielte eine der Hauptrollen in dem Thriller **New Best Friend – Gefährliche Freundin** und absolvierte einen kleinen Part in Steven Spielbergs **Minority Report**. Dem schlossen sich die Komödien **Full Ride** und **Manhood** an, wobei sie in letzterer nur eine ganz kleine Rolle hat. Ihr neuestes Projekt ist der Fernsehfilm **The One**, in dem sie eine Frau spielt, die für Michael Blake die Erfüllung ihrer Träume ist. Doch ist es nicht leicht, einen Traum wirklich wahr werden zu lassen.

Seit August 1999 ist Meredith Monroe mit ihrem langjährigem Freund Steven Kavovit verheiratet. Karrieristisch waren die letzten Jahre nicht besonders gut, einziges Highlight war eine wiederkehrende Rolle in **Criminal Minds**.

01. Alles wird anders (Pilot a.k.a. Emotions in Motion)

R: Steve Miner. B: Kevin Williamson.

D: Leann Hunley (Tamara Jacobs), Mitchell Laurance (Benjamin Gold), Ted King (Bob Collinsworth), George Gaffney (Bodie), Ed Grady (Opa Ryan), Nicole Nieth (Nellie Olson)

Dawson Leery und Joey Potter sind Freunde, seit sie denken können, doch nun, da sie in die Pubertät kommen, fragen sie sich, ob sie das auch bleiben können oder ob ihre erwachenden Hormone dem entgegenwirken könnten.

Joey ist heimlich in Dawson verliebt, der sich aber wiederum für die gerade aus New York gekommene Jen Lindley interessiert. Und Dawson's bester Freund Pacey wirft ein Auge auf Ms. Jacobs, seine neue Englischlehrerin. Joey findet heraus, dass Dawsons Mutter Gail eine Affäre mit ihrem Kollegen Bob hat.

„Alles wird anders" ist ein wunderschöner Anfang einer wunderschönen Serie, die das Leben von Teenagern zeigt, wie es wirklich ist, auch wenn die Dialoge etwas zu geschliffen sind, als dass sie wirklich von jungen Menschen stammen könnten.

Doch das ist einfach Kevin Williamsons Stil, der hier durchbricht und die Richtung weist. Dementsprechend sind Dawson und seine Freunde immer sehr beredt, doch hinter all dem Reden verbirgt sich ein leicht verwundbarer Kern.

Die Pilotfolge, die zum Teil Szenen der bislang nicht ausgestrahlten Präsentation enthält, die etwa 25 Minuten lang ging, läuft sehr geradlinig und schnell ab, versäumt es dabei aber nicht, allen Figuren ausreichend Raum zu geben, um sich dem Publikum vorzustellen.

Dawson's Creek brilliert hier schon durch seine Glaubwürdigkeit, die es sowohl einem jungen als auch altem Publikum erlaubt, sich mit den Figuren zu identifizieren. Für die Regie wurde Steve Miner verpflichtet, der später nach einem Treatment von Williamson **Halloween H20** inszenieren sollte.

Dawsons Liebe für den Film wird in dieser Folge natürlich genauestens herausgearbeitet. Immerhin arbeitet er hier an einem eigenen Kurzfilm, der so aussieht, als handele es sich um ein Remake von Jack Arnolds Klassiker **Der Schrecken vom Amazonas** (1954).

02. Tanz auf dem Vulkan (Dance a.k.a. Dirty Dancing)
R: Steve Miner. B: Kevin Williamson.
D: Scott Foley (Cliff Elliott), Leann Hunley (Tamara Jacobs), Mitchell Laurance (Benjamin Gold), Nicole Nieth (Nellie Olson)

Dawson lässt Joey in seinem Film sterben, da diese Pacey nicht küssen will. Das gibt ihm auch die Gelegenheit, eine neue Rolle mit Jen zu besetzen, mit der er unheimlich gerne zum Schulball gehen würde. Doch Jen wurde bereits von dem Sportler Cliff Elliott eingeladen, der noch dazu an einem eigenen, äußerst schwachsinnigen Film arbeitet. Derweil versucht Pacey, Tamara Jacobs näherzukommen – und hat Erfolg. Beide küssen sich.

Bemerkenswert ist, dass Kevin Williamson sich nicht nur auf seine jugendlichen Protagonisten konzentriert, sondern auch den erwachsenen Figuren viel Raum zur Entfaltung zugesteht.

So ist es in der ersten Staffel vor allem die langsam in die Brüche gehende Beziehung von Dawsons Eltern – Mitch und Gail –, die in den Vordergrund gerückt wird. Dabei sind bereits in „Tanz auf dem Vulkan" die Vorzeichen erkennbar, denn alles kann nur in einer gewaltigen Eruption resultieren.

Für Kontroversen sorgte die Geschichte um Pacey und seine Lehrerin, die hier volle Fahr aufnimmt. Sicherlich war Williamson von **Die Reifeprüfung** inspiriert, doch gelingt es ihm, der Geschichte neue Facetten abzugewinnen.

Für die Titel der einzelnen Folgen wollte Williamson übrigens Filmtitel benutzen, bekam damit jedoch Probleme, weswegen er sich auf andere Titel festlegen musste.

Jeder der Alternativtitel der ersten Staffel ist auch ein bekannter Film, wenngleich der Titel nicht wirklich Rückschlüsse auf den Inhalt der einzelnen Episoden ziehen lässt.

03. Drehbuch für einen Kuss (Kiss a.k.a. Prelude to a Kiss)

R: Michael Uno. B: Rob Thomas.

D: Ian Bohen (Anderson Crawford), Scott Foley (Cliff Elliott), Leann Hunley (Tamara Jacobs), Mitchell Laurance (Benjamin Gold), Obi Ndefo (Bodie), Nicole Nieth (Nellie Olson)

Joey lernt einen jungen Mann im Icehouse, dem Restaurant ihrer Schwester Bessie, kennen. Sie lügt ihm vor, ebenfalls eine Touristin zu sein. Derweil setzt Dawson alles daran, Jen das erste Mal küssen zu können. Er inszeniert das Ereignis richtiggehend, übertreibt es dabei jedoch. Pacey und Tamara finden endlich zueinander. Als sie miteinander schlafen, bemerken sie jedoch nicht, dass noch Dawsons Kamera (vom vorherigen Dreh für seinen Film) mitläuft.

Die Parallelhandlungen dieser Folge – immerhin drei an der Zahl – sind letztlich alle auf eines ausgelegt: der Suche nach Romantik.

Nachdem das Thema von Dawson und Joey zu Beginn aufgebracht wird, geschehen später die konsequenten Versuche, der gewünschten Romantik habhaft zu werden. Doch das ist leichter gesagt als getan, gibt es doch nur für eines der Pärchen ein Happyend (und das auch nur auf Zeit).

Dass Tamara und Pacey niemals langfristig glücklich werden können, ist natürlich klar, doch auch Joey vermasselt es, da sie nicht stark genug ist, sie selbst zu sein. Stattdessen erfindet sie eine Maske, die sie trägt, um mit dem jungen Anderson Crawford mithalten zu können. Zu guter Letzt bleibt Dawson, der wundervoll illustriert, dass er in einer Filmwelt lebt, hat er doch im Endeffekt schon das Drehbuch für seinen ersten Kuss geschrieben.

Neu an Bord ist Obi Ndefo, der Bessies Freund Bodie spielt. Dieser wurde in der ersten Folge noch von George Gaffney dargestellt.

04. Schluss, aus, vorbei (Discovery a.k.a. Carnal Knowledge)

R: Steve Miner. B: Jon Harmon Feldman.
D: Leann Hunley (Tamara Jacobs), Mitchell Laurance (Benjamin Gold), Ric Reitz (Bob Collinsworth), Ed Grady (Opa Ryan)

Dawson findet heraus, dass seine Mutter eine Affäre hat. Als wäre das noch nicht schockierend genug, muss er von Joey erfahren, dass sie es bereits seit einiger Zeit gewusst und ihm nichts gesagt hat. Darum spricht er mit Jen darüber und deutet an, wie wichtig ihm Ehrlichkeit ist.

Aus diesem Grund erklärt Jen ihm, dass sie von ihren Eltern nach Capeside geschickt worden ist, weil sie sich zu viel zuschulden hat kommen lassen und von ihrem Vater mit ihrem Freund im Bett erwischt worden ist.

Dass Jen keine Jungfrau mehr ist, schmeckt dem naiven Dawson natürlich auch nicht.

Das Feld ist bestellt, es kann losgehen. Nachdem Williamson all seine Figuren in Position gebracht und ihre Lebensumstände erleuchtet hat, geht es nun Zug um Zug weiter.

Er erschüttert die Welt von Dawson Leery und offenbart dabei einen Charakterzug des jungen Mannes, der wenig schmeichelhaft ist. Immerhin zeigt sich, dass Dawson in einer Art Phantasiewelt lebt, in der alles nach schwarzweißen Mustern abläuft und so zu sein hat, wie er es sich ausgemalt hat.

Das wiederum zeichnet den jungen Mann aber auch als recht naiv, was daher kommt, dass er bisher von den dunklen Seiten des Lebens verschont geblieben ist. Doch nicht nur für Dawson, auch für Joey wird es haarig, steht doch ihrer beider Freundschaft auf dem Spiel.

05. Katastrophenstimmung (Hurricane a.k.a. Blown Away)

R: Lou Antonio. B: Kevin Williamson, Dana Baratta.
D: Leann Hunley (Tamara Jacobs), Ric Reitz (Bob Collinsworth), Dylan Neal (Deputy Doug Witter), Obi Ndefo (Bodie)

Ein Hurricane nähert sich Capeside. Die Leerys laden Jen und ihre Großmutter und Joey und ihre Familie ein, diese Zeit bei ihnen zu verbringen. Doch es ist innerhalb des Hauses stürmischer als draußen, denn Gail gesteht Mitch ihre Affäre, was dieser nicht gerade leicht aufnimmt. Dawson versöhnt sich mit Jen. Pacey und sein Bruder,

Deputy Doug, verbringen den Sturm bei Tamara. Es wird brenzlig.

Der Hurricane ist das Sinnbild für den Sturm, der im Inneren der Protagonisten tobt. Die knisternde Spannung ist spürbar und Konflikte gibt es zuhauf. Der größte von allen ist freilich Gails Geständnis, nach dem John Wesley Shipp in beeindruckender Weise einen Wutausbruch darbieten darf, nur um dann in eiskalter Ruhe zu erstarren.

Zwar ist Gails Motivation für ihre Affäre etwas hanebüchen, doch dies tut der Geschichte selbst keinen weiteren Abbruch.

Interessant ist auch der Einblick in Paceys Leben. Traf man bislang niemanden seiner Verwandten, so wird nun durch seinen Bruder, der im Endeffekt nur nachplappert, was der Vater gesagt hat, klar, dass er in einer Familie aufwachsen musste, die ihm immer das Gefühl gegeben hat, unerwünscht zu sein.

Für die Familie Witter ist Pacey ein Taugenichts, der es nie zu irgendetwas bringen wird. Liebloser kann ein Heim kaum sein.

06. Das Baby (Baby a.k.a. Look who's talking)
R: Steve Miner. B: Jon Harmon Feldman.
D: Leann Hunley (Tamara Jacobs), Dylan Neal (Deputy Doug Witter), Obi Ndefo (Bodie), Chris Blackwelder (Roger)

Bessie erwartet die Geburt ihres Kindes, die etwas vorzeitig ist. Da der Wagen streikt, bringt Joey sie zu Dawson, dessen Eltern jedoch weg sind. Darum bitten sie Mrs. Ryan, Jens Großmutter, die einst Krankenschwester war, um Hilfe.

Mrs. Ryan bringt schließlich den kleinen Alexander unbeschadet zur Welt, während Joey mit ihrer Angst kämpfen muss, da sie Bessies Schmerzen an den Tod ihrer Mutter erinnern. In der Schule geht das Gerücht, dass Pacey und Tamara Jacobs etwas miteinander haben.

Darum wird Tamara vor einen Schulausschuss zitiert, vor dem auch Pacey erscheint und erklärt, er hätte alles nur erfunden, um im Rampenlicht zu stehen. Tamara wird nicht entlassen, doch sie entscheidet sich dazu, Capeside zu verlassen.

Dass Paceys und Tamaras großes Geheimnis irgendwann rauskommen musste, war klar. Wie es hier geschieht, überrascht, was nicht nur für die Enthüllung, sondern auch für die Auflösung der Geschichte gilt. Immerhin hätte man glauben können, dass Tamara für ihre „Taten" belangt wird, doch kann Pacey dies in selbstloser Art abwenden.

Das Traurige ist dabei, dass niemand jemals erfahren wird, was er eigentlich getan hat. Am wenigsten natürlich seine Familie, die in Form von Deputy Doug wieder mal ihren Unmut äußern darf.

Im Rampenlicht steht darüber hinaus Jens Großmutter, die extrem gottgläubig ist und bislang etwas bigott wirkte, hier aber eine charakterliche

Vertiefung erfährt. Damit wird sie zu einer ungleich plastischeren Person, mit der man tatsächlich mitfühlen kann Darüber hinaus ist diese Folge für Jen und Joey wichtig, die beide Erkenntnisse erlangen, die durchaus auch eine Veränderung mit sich bringen.

07. Der Frühstücksclub (Detention a.k.a. The Breakfast Club)

R: Al Arkush. B: Mike White.
D: Helen Baldwin (Mrs. Tringle), Barry Bell (Coach), Mati Moralejo (Grant Bodine), Monica Keena (Abby Morgan)

Dawson und Pacey haben Streit, weswegen ersterer dem anderen einen Basketball ins Gesicht schmettert und die Nase bricht. Dafür gibt es am Samstag natürlich Arrest, dem auch Jen, Joey und Pacey beiwohnen, die sich allesamt etwas zuschulden haben kommen lassen.

Außerdem ist auch noch Abby Morgan mit dabei, die gerne intrigiert und provoziert. Und so gelingt es ihr auch, die anderen zu einem Spiel zu überreden: Wahrheit oder Risiko.

Und jeder ist gefragt, etwas von sich preiszugeben, von dem es ihm lieber wäre, die anderen würden es nicht wissen.

Der Titel ist Programm. Auf geradezu kongeniale Weise wird hier der Film **The Breakfast Club** aus dem Jahr 1984 als Vorlage genommen und in die Welt von **Dawson's Creek** transportiert. Für jede der Figuren im Film gibt es eine Entsprechung in dieser Episode, von der man mit

Fug und Recht behaupten kann, dass sie zu den besten der ganzen Serie gehört. Immer dann, wenn alle Hauptcharaktere an einem Ort versammelt werden, darf man von hochklassiger, dramatischer, aber auch emotionaler Unterhaltung ausgehen.

Neu an Bord ist Monica Keena, die als Abby Morgan eigentlich nur in dieser Folge dabei sein sollte. Da sie den Autoren jedoch ordentlich Konfliktpotential bot, setzte man sie in der zweiten Staffel noch mehrmals ein.

08. Besuch vom Ex (Boyfriend a.k.a. Escape from New York)

R: Michael Fields. B: Jon Harmon Feldman, Dana Baratta. D: Eion Bailey (Billy Konrad), Scott Foley (Cliff Elliott), Jeremy Moore (Tyler)

Jens Exfreund Billy kommt von New York nach Capeside. Er will Jen zurückerobern, wobei diese ihn ausgerechnet bei Dawson einquartiert, der alles andere als glücklich ist, den Nebenbuhler am Hals zu haben.

Jen wird schließlich klar, was sie wirklich braucht: sie muss etwas alleine sein, weswegen sie sich weder für Dawson, noch für Billy entscheidet. Mitch und Gail versuchen, ihre Ehe zu kitten, und Pacey bewahrt Joey vor einem großen Fehler.

Am Ende klärt er seinen Freund Dawson auf, dass Joey in ihn verliebt ist.

Die Rückkehr des Exfreundes ist nicht unbedingt himmelschreiend originell, gewinnt aber immerhin durch Eion Baileys einnehmende Darstellung. Die Chemie zwischen ihm und James van der Beek passt, sodass man die Rivalität der beiden tatsächlich ernstnehmen kann. Uninspiriert wirkt dagegen der Grund, warum Jen beiden den Laufpass gibt, was umso mehr gilt, da sie sich noch in dieser Staffel von Cliff hofieren lässt.

Am interessantesten an „Besuch vom Ex" ist ohnehin die Nebenhandlung um Joey, die sich sinnlos betrinkt, um ihre Sorgen wenigstens mal für ein paar Stunden vergessen zu können. Dass dies nicht ganz ungefährlich ist, zeigt sich an dem jungen Mann, der daraus seinen Vorteil ziehen will, doch Pacey, der Ritter in strahlender Rüstung, ist rechtzeitig zur Stelle.

Zum ersten Mal in der Serie wird Alkohol hier zum Thema. Ein Thema, das etwas aufrichtiger als in vergleichbaren Serien angepackt wird.

09. Männer (Road Trip a.k.a. In the Company of Men)
R: Steve Robman. B: Rob Thomas.
D: Eion Bailey (Billy Konrad), Eric Balfour (Warren Goering), Helen Baldwin (Mrs. Tringle)

Dawson ist betrübt und trifft wieder auf Billy, der vorschlägt, gemeinsam einen Club unsicher zu machen. Nach kurzem Überlegen willigt Dawson ein, man holt Pacey ab und schwänzt die Schule. Danach geht es auf die lange Reise nach Providence, wo die drei einen relativ vergnügten Abend verbringen, aber sich erneut zeigt, dass Billy ein Trottel ist.

Derweil hat Joey das Problem, dass Warren Goering das Gerücht verbreitet, sie beide hätten miteinander geschlafen. Sie dreht den Spieß schließlich um und sorgt dafür, dass jedermann glaubt, sie sei schwanger und Warren würde sie im Stich lassen.

Die beiden Handlungen laufen parallel ab, was vor allem am Schnitt, nicht jedoch an der Chronologie liegt, da der Plot um Joey sich über mindestens zwei Tage erstreckt, während Dawson und Pacey gerade mal einen Abend in dem Club verbringen.

Darüber hinaus sind so manche Elemente der Geschichte vorhersehbar – etwa, dass Billy Dawson und Pacey einfach zurücklässt –, aber dafür gibt es eine Unmenge an Humor in beiden Handlungssträngen. Etwas stärker ist dabei der um Jen und Joey, die beide erstmals wie Freundinnen agieren können, da der Konkurrenzkampf zwischen ihnen zumindest vorerst vorbei ist.

Zudem ist dieser Plot auch ernsthafter, zeigt er doch deutlich auf, wie leicht sich im Mikrokosmos der Schule der Ruf eines Menschen vernichten lässt.

10. Geliebte Feindin (Double Date a.k.a. Modern Romance)
R: David Semel. B: Jon Harmon Feldman.
D: Scott Foley (Cliff Elliott), Megahn Perry (Mary Beth)

Pacey hat eine Arbeit versiebt, doch der Lehrer gibt ihm eine weitere Chance. Zusammen mit einer anderen Schülerin – Joey – soll er ein paar Schnecken studieren. Für Joey steht dabei viel auf dem Spiel, denn sie braucht durchgehend gute Noten, um später ein Stipendium bekommen und so Capeside verlassen zu können. Bei der gemeinsamen Arbeit erkennt Pacey, dass er an Joey mehr als nur freundschaftlich interessiert ist. Darum bittet er Dawson um seine Einwilligung, die dieser auch gibt, später jedoch widerruft. Dawson wird klar, dass Joey für ihn mehr als nur eine Freundin ist. Nichtsdestotrotz versucht er noch immer, Jen zurückzuerobern.

„Geliebte Feindin" ist enorm wichtig, wird Dawson doch erstmals wirklich bewusst, dass er sich außergewöhnlich stark um jemanden sorgt, den er ansonsten nur als Freundin ansieht. Dass er dennoch weiterhin hinter Jen hergiert, kann man vermutlich als das Ergebnis hoher Hormonschübe abtun.

Im Mittelpunkt dieser Folge stehen aber auch Dawsons Eltern, die versuchen, ihre Ehe zu kitten, dabei jedoch kaum Fortschritte machen. Am spaßigsten ist zweifelsohne die Handlung um Joey und Pacey, die von enorm vielen witzigen Sprüchen geprägt ist. Beide Figuren sind auch geradezu dafür prädestiniert, sich einen verbalen Schlagabtausch zu liefern. Dass irgendwann tatsächlich mehr als nur Freunde aus den beiden werden könnte, hätte man hier noch nicht erwartet.

11. Freitag, der 13. (The Scare a.k.a. Friday the 13th)

R: Rodman Flender. B: Mike White.

D: Scott Foley (Cliff Elliott), Jennifer McComb (Ursula), Mitchell Laurance (Benjamin Gold), Ed Grady (Opa Ryan)

Für Dawson ist Freitag, der 13. so etwas wie ein Feiertag, liebt er es doch, seine Freunde zu erschrecken. Nur Jen bleibt außen vor, was ihr nicht gefällt.

Doch schon bald erhält sie Anrufe, die den Verdacht nahelegen, es handele sich um den Frauenmörder, der in der Gegend von Capeside gesucht wird. Dawson lädt seine Freunde zu einer Seance ein, zu der auch Cliff und Jen kommen.

Alles ist äußerst gruselig, klärt sich am Ende jedoch auf. Ebenso wie der Anruf, der von Cliff getätigt wurde, da er dachte, das würde Jen gefallen. Doch er hat sich geirrt.

„Freitag, der 13." ist eine sehr amüsante Episode, die als Parodie aber auch Hommage an die Teen-Horror-Filme der letzten Jahre zu verstehen ist, was nicht zuletzt auch für Kevin Williamsons **Scream** gilt, dem in Form der berühmten Telefonszene Referenz erwiesen wird.

Die Folge spielt mit der Erwartung der Zuschauer und dreht sie auf den Kopf, denn obwohl es keinen Mörder gibt, der hinter Dawson und Co. her ist, gibt es am Ende doch eine rabenschwarze Nachklappe, die zeigt, dass das Leben so manches Mal wahrhaftig makaber ist.

12. Pretty Woman (Beauty Contest a.k.a. Pretty Woman)

R: Arvin Brown. B: Dana Baratta.

D: Lori Rom (Hannah Van Wenning), Cara Stoner (Roberta Crump)

Der Yachtclub von Capeside hält die alljährliche Miss Windjammer-Wahl ab, zu der sich auch Joey bewirbt, da sie die 5.000 Dollar Preisgeld fürs College ganz gut gebrauchen könnte. Auch Pacey macht bei dem Wettbewerb mit, indem er eine Lücke in den Statuten ausnutzt. Er könnte das Geld gebrauchen, um auszuziehen und so seiner Familie entkommen zu können. Als Dawson Joey auf der Bühne sieht, wird ihm endlich bewusst, dass sie die Frau ist, die er liebt. Jen will Dawson zurück, doch dafür ist es jetzt zu spät.

„Pretty Woman" ist eine der schönsten Folgen der Serie, was nicht zuletzt an der bezaubernden Art von Katie Holmes liegt, die Joey auf der Bühne in eine gänzlich andere Person verwandelt und eine sehr schöne Interpretation von „On My Own" aus dem Musical „Les Misérables" zum Besten gibt. Der Moment auf der Bühne, als Dawson sie beobachtet und man in seinem Gesicht erkennen kann, dass ihm endlich die Scheuklappen von den Augen fallen, ist einer der Höhepunkte der Serie und bleibt unvergesslich. Unvergesslich sind auch Joshua Jacksons Auftritte, der als unorthodoxer Teilnehmer dieses Schönheitswettbewerbs die Herzen der Zuschauer auf seiner Seite hat. Seine Interpretation von William Wallaces Rede aus **Braveheart** ist sehr cool.

13. Die Entscheidung (Decisions a.k.a. Breaking Away)

R: David Semel. B: Dana Baratta, Mike White. D: Gareth Williams (Mike Potter), Dylan Neal (Deputy Doug Witter), Helen Baldwin (Mrs. Tringle), Ed Grady (Opa Ryan)

Joey erhält das Angebot, für ein Jahr nach Frankreich zu gehen. Sie hat sich noch nicht entschieden, als sie ihren Vater im Gefängnis besucht, dann jedoch hinausstürmt und Dawson zurücklässt, der Mr. Potter von seiner Tochter erzählt.

Dawson möchte nicht, dass Joey geht. Nicht jetzt, da ihm klar ist, dass er sie liebt. Als sie in seinem Zimmer miteinander sprechen, fehlen ihm die Worte. Joey ist schon auf dem Weg raus, als er sie zurückholt und Taten sprechen lässt: er küsst sie.

Ein wunderschönes Staffelfinale, das im negativen Fall einer Einstellung der Serie als auch krönender Abschluss funktioniert hätte, da alles gesagt und getan ist. Der Erfolg war jedoch da und so ging es mit der Serie weiter, sodass dieses Ende mehr wie ein Cliffhanger fungiert. Immerhin stellt sich die Frage, ob Dawson und Joey es schaffen werden.

Aber diese Folge kreist nicht nur um diese beiden Figuren, die sich freilich deutlich verändern, sondern auch um Pacey, bei dem einmal mehr illustriert wird, welch guter Freund er ist und welch schäbigen Vater er doch eigentlich hat. Zudem kommen sich Jen und ihre Grams näher, denn der Mann der alten Dame, Jens Großvater, verstirbt, sodass beide Trost im Haus des Herrn suchen.

Season 2

14. Der Kuss (The Kiss)
R: David Semel. B: Jon Harmon Feldman.
D: Ali Larter (Kristy)

Dawson und Joey sind ein Paar – und natürlich wird sie nicht nach Frankreich gehen. Pacey lernt die neue Mitschülerin Andie McPhee kennen, mit der er sich herrliche verbale Schlachten liefern kann. Für ihr erstes Date gehen Joey und Dawson ins Kino, wo sie auch auf Jen treffen, die es bitterlich bereut, Dawson den Laufpass gegeben zu haben. Doch nun ist es für sie zu spät.

Nach dem Finale der ersten Staffel ist diese Folge auch fast so etwas wie ein neuer Pilotfilm, der die Situation, in der sich die einzelnen Figuren befinden, aufklärt, und einen Status Quo aufzeigt, von dem aus sich weitermachen lässt.

Sehr schön sind die Szenen im Rialto, dem Kino, das geschlossen werden soll, wird hier doch **Die letzte Vorstellung** aufgeführt, ein Film, der davon erzählt, wie in einem kleinen Ort das Kino geschlossen wird.

Dass Jen mittlerweile wieder an Dawson interessiert ist, verwundert nicht, da damit auch ein notwendiges Konfliktpotential einhergeht. Immerhin wird sie versuchen, ihn für sich zurückzugewinnen.

Im Mittelpunkt dieser Folgen stehen auch Dawsons Eltern, deren Glück sich noch immer nicht eingestellt hat. Im Gegenteil, Mitch lässt bei einem

Anwalt seine Optionen prüfen. Damit konzentriert sich die Serie einmal mehr auf die Erwachsenen und zeigt damit auf, dass es eben nicht nur um die Teenager geht.

15. Ein rabenschwarzer Tag (Crossroads)
R: Dennis Gordon. B: Dana Baratta.
D: Tom Nowicki (Cole)

Paceys 16. Geburtstag ist da, doch der Tag taugt nix. Er fällt durch die Führerscheinprüfung und Dawson hat seinen Geburtstag vergessen, weil er nur über seine Probleme mit Joey spricht. Die war nämlich alles andere als angetan davon, dass er in ihrem Tagebuch gelesen hat.

Um sich aufzumuntern schmeißt Pacey eine Party, die jedoch eher zum Flop gerät. Ausgerechnet Andie ist es, die ihn aufmuntern kann. Jen freundet sich mit Abby an, die ihr nun helfen will, Dawson zurückzugewinnen.

Am Ende erkennt Dawson, dass er Paceys Geburtstag vergessen hat und macht dies wieder gut. Andies Bruder Jack fängt im Icehouse zu arbeiten an. Mitch schlägt Gail vor, eine offene Ehe zu führen.

„Ein rabenschwarzer Tag" erinnert an den John-Hughes-Film **Das darfst Du nur als Erwachsener**, in dem jeder den 16. Geburtstag von Molly Ringwald vergessen hat. So ergeht es hier auch Pacey, der die Hauptfigur in dieser Geschichte ist. Ohnehin beginnt es in der zweiten Staffel, dass Pacey des Öfteren eine eigene Geschichte bekommt, die unabhängig von der seiner Freunde funktioniert.

Dies kommt nicht nur der Figur, sondern auch dem Darsteller zugute, da beide sich deutlich besser ausbreiten können. Was an Pacey immer wieder so ansprechend ist, ist einfach, dass er ein sehr anständiger Kerl ist, der in einer Familie aufwachsen musste, die ihn nicht liebt, vielleicht sogar verachtet. Nichtsdestotrotz ist er zu einem guten Mann geworden, wie er nicht nur in dieser Staffel, sondern im Verlauf der ganzen Serie immer wieder unter Beweis stellen kann.

16. Die letzte Chance (Alternative Lifestyles)
R: David Semel. B: Mike White.
D: Colin Fickes (Kenny Reiling), Chris Blackwelder (Jeff Burdis), Jonathan Taylor Luthren, (Trey Harter)

In der Schule werden kleine Grüppchen gebildet: Jen und Dawson, Pacey und Andie und Joey ganz allein für sich. Ihre Aufgabe ist es, ein Jahreshaushaltsbudget zu verplanen, gerade so, als wären sie schon Teil der Welt der Erwachsenen.

Natürlich ergeben sich daraus Probleme, wenngleich Andie und Pacey sich noch besser kennen lernen und Joey entdeckt, dass ihre Zukunft vielleicht doch mehr für sie bereit hält als sie erwartet hätte. Jen nutzt die Gelegenheit, um Dawson zu bezirzen, hat dabei jedoch keinen Erfolg.

Mit dieser Folge merkt man sehr schön, dass **Dawson's Creek** sich langsam verändert, was auch daran liegt, dass die Serie nun mehr zu einer Ensembleshow wird. Was einstmals nur vier Hauptfiguren waren, sind nun deren sechs. Damit ergeben sich auch weitaus mehr Möglichkeiten, was wiederum bedeutet, dass Dawson etwas in den Hintergrund tritt, da nun auch mehr Zeit auf die anderen Charaktere entfällt.

Darüber hinaus ist interessant, dass Joey endlich eine eigene Leidenschaft entdeckt: die Malerei. Zuvor hat sie sich nur über ihre Liebe zu Dawson definiert, doch das war auf lange Sicht natürlich nicht genug.

17. Tamaras Rückkehr (Tamara's Return)
R: Jesus Trevino. B: Mike White.
D: Leann Hunley (Tamara Jacobs), Joe Flanigan (Vince), Tamara Taylor (Laura Weston)

Tamara Jacobs kommt in die Stadt zurück. Sie will eine alte Lagerhalle verkaufen, an der Mitch interessiert ist, da er plant, ein Restaurant zu eröffnen.

Als Tamara und Pacey sich treffen, schwappen die alten Gefühle hoch, doch beide wissen, dass sie ihnen nicht nachgeben dürfen. Andie hat sich in Pacey verknallt und dem jungen Mann geht es nicht recht viel anders. Jack teilt Joeys Interesse für expressionistische Kunst, während Dawson mit den Farbklecksen gar nichts anfangen kann. Jen und Abby interessieren sich für denselben Mann, den Dockarbeiter Vincent.

Dass Jack Joeys Interessen teilt, ist natürlich deshalb passiert, weil dies die Konflikte forciert, die zwischen ihr und Dawson ohnehin schon bestehen. Immerhin findet sie nun jemanden, der ihre Leidenschaft mit ihr teilt. Und das wiederum sorgt in Kürze für den endgültigen Bruch zwischen ihre und ihrem Seelenpartner.

Überraschend ist die Rückkehr von Tamara Jacobs, die etwas gezwungen wirkt. Und dies auch ist, wie Kevin Williamson später einmal erzählte. Man wollte sie kurz in der zweiten Staffel zurückbringen, weswegen man auf die fadenscheinige Geschichte mit dem Hausverkauf zurückkam.

Doch egal, was zählt, ist das Endergebnis. Und das kann sich tatsächlich sehen lassen.

18. Vollmond (Full Moon Rising)
R: David Semel. B: Dana Baratta.
D: Joe Flanigan (Vince), Leann Hunley (Tamara Jacobs), Caroline Cava (Betsy McPhee)

Vollmond über Capeside: Pacey und Andie treffen sich für ihr erstes Date, wobei er ihre Mutter kennen lernt, die verwirrt ist, seitdem ihr Bruder Tim bei einem von ihr verursachten Unfall starb. Ihr Vater kam mit der Situation nicht zurecht, weswegen er in Providence ist. Jack wagt es, Joey zu küssen, was sie zusätzlich verwirrt. Dawson muss miterleben, wie seine Eltern sich trennen. Die offene Ehe hat nicht funktioniert.

„Vollmond" ist eine erstklassige Folge, die äußerst emotional geraten ist, geht es doch hier für alle Protagonisten ans Eingemachte. Dass seine Eltern sich scheiden lassen, trifft Dawson natürlich hart, doch ahnt er nicht, dass seine kleine Phantasiewelt noch richtig kollabieren wird. Denn Joey ist sich ihrer Gefühle längst nicht mehr sicher, wie auch ihre Reaktion nach Jacks Kuss zeigt. Aufgelöst wird auch das dunkle Geheimnis von Andie McPhee, das nicht so schlimm ist, wie man befürchtet hätte, wenngleich es nichts anderes als fordernd ist, liegt doch alle Verantwortung in der Familie auf ihren Schultern. Joshua Jackson und Meredith Monroe sind ein sehr schönes Pärchen, bei dem die Chemie absolut stimmt.

19. Tanz mit mir (The Dance)
R: Lou Antonio. B: Jon Harmon Feldman.
D: Ali Larter (Kristy), Sean Johnson (Brett)

Eigentlich wollten Dawson und die anderen nicht zum Schulfest gehen, doch Andie kann sie vom Gegenteil überzeugen. Wirklich gut war das jedoch nicht, denn dort findet Dawson heraus, dass Jack Joey geküsst hat, weswegen er ihn niederschlägt. Dawson und Joey sprechen sich in seinem Zimmer aus. Sie macht mit ihm Schluss, da sie sich selbst finden muss. Mitch verlässt das gemeinsame Haus. Andie und Pacey sind ein Paar und Jen und Jack werden Freunde.

Jon Harmon Feldmans Drehbuch ist sehr schön gearbeitet, stellt er doch die Parallelen im Leben der Leery-Männer heraus. Beide verlieren die Frau, die sie lieben, wenngleich die Umstände ein wenig anders sind. Während Mitch geht, da er sein eigenes Ego nicht überwinden kann, wird Dawson verlassen. Das Ergebnis ist jedoch dasselbe.

Darüber hinaus ist Paceys Verwandlung interessant, da er beginnt, mit Andies Hilfe seinen Minderwertigkeitskomplex zu überwinden und zum verantwortungsbewussten Rebell wird. Er erweist sich wieder und wieder als jemand, der nicht untätig zusieht, wenn anderen etwas Schlechtes widerfährt.

Am Ende wirft Dawson übrigens die Leiter um, an der Joey immer in sein Zimmer geklettert ist. Auch dies ist ein Symbol, das hier etwas zerbrochen ist, das sich nicht leicht wieder kitten lässt.

20. Die Prüfung (The All-Nighter)
R: David Semel. B: Greg Berlanti.
D: Jason Behr (Chris Wolfe), Brighton Hertford (Dina Wolfe), Edmund Kearney (Mr. Peterson)

Eine wichtige Prüfung steht vor der Tür. Darum ist noch einmal ordentlich Büffeln angesagt. Chris Wolfe, seines Zeichens Aufreißer und Sohn reicher Eltern, lädt Jen und ihre Freunde zum Lernen zu sich ein. Auch Joey, Dawson, Pacey und Andie kommen. Letztere übernimmt generalstabsmäßig das Kommando, sodass ein Maximum an Lernerfolg erzielt werden kann. Doch in den Pausen geschieht noch manch anderes, denn ein Test aus einem Magazin, der darüber befindet, wie keusch man ist, bringt Erstaunliches zutage.

Andie erfährt, dass Pacey schon mit einer älteren Frau geschlafen hat und Dawson muss sich fragen, in wen Joey noch verliebt gewesen ist. Und Chris macht sich an Jen ran ...

Wie schon bei „Der Frühstücksclub" gelingt es hier, die Protagonisten an einem sehr begrenzten Ort zu versammeln, sodass es ein Leichtes ist, die Gefühle hoch kochen zu lassen. Und dafür gibt es natürlich zahlreiches Potenzial, was nicht nur für die Joey/Dawson-Achse, sondern auch für die übrigen Charaktere gilt. Immerhin kommt so einiges auf dem Tisch, das noch besprochen werden muss.

Wie Abby Morgan funktioniert auch Chris Wolfe ein wenig wie ein Katalysator für diese Ereignisse, wenngleich er nur ein Ziel hat: in Jens Höschen zu kommen. Das macht ihn etwas eindimensionaler, doch gilt zu bedenken, dass Jason Behr ihn äußerst sympathisch anlegt.

Chris ist ein hohler Aufreißer, aber sein Charme spielt für ihn. Er taucht noch mehrmals in der zweiten Staffel auf, danach war jedoch Schluss, was einfach daran lag, dass Behr die Hauptrolle in der Serie **Roswell** übernommen hat und dementsprechend keine Zeit mehr für Gastauftritte hatte.

21. Helden (The Reluctant Hero)

R: Joe Napolitano. B: Shelley Meals, Darin Goldberg. D: Jason Behr (Chris Wolfe), Todd Sheeler (Todd Bloom), Caroline Kava (Betsy McPhee), Richard K. Olsen (Mr. Milo)

Dawsons kleiner Horrorfilm hat auf dem Bostoner Filmfestival den ersten Preis und damit 2.500 Dollar gewonnen. Dawson will einen neuen Film machen, doch dazu möchte er Joey als Produzentin haben. Da diese nicht will, gibt er ihr die Hälfte des Geldes, das sie ebenso wie er verdient hat. Auf einer Party wird Dawson schließlich zu Jens Retter, als diese total besoffen ist. Joey geht mit Jack aus und kommt ihm näher. Pacey hilft Andie mit ihrer Mutter, die völlig entgeistert in Capeside rumirrt.

Dawson ist bereit einen neuen Film zu machen: Von der Liebe soll er handeln. Und damit genau davon, was ihm so große Schmerzen bereitet. Nichtsdestotrotz ist es jedoch sehr schön zu sehen, dass dieser Aspekt von **Dawson's Creek**, das Filmemachen seiner Hauptfigur, wieder aufgegriffen wird.

„Helden" gibt es mehrere in diesem kleinen Stück, der größte ist jedoch Pacey, der ein unheimliches Einfühlungsvermögen beweist und zeigt, dass er alles andere als ein Clown ist. Es sind Momente wie diese, die ihn neu definieren und ihn wachsen lassen. In der gesamten zweiten Staffel macht Pacey einen deutlichen Reifungsprozess durch, der ihn zum neuen Menschen werden lässt.

Dabei wird auch ein genauerer Blick auf Andie geworfen, die immer und überall die Kontrolle behalten muss, was daran liegt, dass sie so unendlich viel auf ihren Schultern tragen muss, dass sie irgendwann darunter zusammenbrechen wird. Und zwar früher als später.

22. Die Wahl (The Election)
R: Patrick Norris. B: Shelley Meals, Darin Goldberg.
D: Jason Behr (Chris Wolfe), Colin Fickes (Kenny Reiling), Richard K. Olsen (Mr. Milo)

Die Wahl des Jahrgangssprechers steht an. Auch Andie und Joey stehen als Kandidaten bereit, doch haben sie es nicht leicht gegen Chris und Abby, die eine Schmutzkampagne starten, um den eigenen Sieg zu sichern.

Als Abby vor versammelter Schülerschaft Andie demütigt, indem sie ihre Mutter als Verrückte hinstellt, ist die Wahl für die junge Frau gelaufen. Doch Pacey hat einen Weg gefunden, auch Abby die Kandidatur zu vermasseln. Währenddessen nimmt Dawson bei Jen Unterricht, um sich wie ein wahrer Teenager zu benehmen, was auch Nacktbaden beinhaltet.

Als er jedoch erfährt, dass seine Eltern sich scheiden lassen, bricht er zusammen und sucht bei Jen Trost.

Wie schlecht es um Andie tatsächlich steht, zeigt das Ende, in welchem sie Antidepressiva schluckt. Sie hat nicht die Kontrolle über alles und am Ende dieser Staffel wird sie sie vollends verlieren. Die Zeichen hierfür werden bereits in „Die Wahl" offenbart.

„Die Wahl" ist recht interessant umgesetzt, wenngleich es ein wenig übertrieben wirkt, mit welch harten Bandagen hier für etwas derartig Unwichtiges gefochten wird. Trotzdem überzeugt die Folge, da die Dramaturgie passt und das Pärchen Abby und Chris perfekte Schurken abgibt.

Von großer Bedeutung ist das Finale, denn nun hat Dawson nicht mehr seine Joey, die ihn tröstet. Vielmehr ist es Jen, die nun zu seiner besten Freundin wird. So ändern sich die Zeiten.

23. Der nackte Wahnsinn (High-Risk Behavior)
R: James Whitmore Jr. B: Jenny Bicks.
D: Jason Behr (Chris Wolfe), Monica Keena (Abby)

Jack vernichtet versehentlich eine von Joeys Aktzeichnungen, die sie am nächsten Tag abgeben muss. Darum bietet er sich an, für sie Modell zu stehen.

Sie nimmt das Angebot an, doch der Abend wird äußerst merkwürdig und ist von sexueller Spannung geprägt. Dawson arbeitet an seinem Drehbuch und testet mit Jen zusammen Leute für die Rollen, doch nur Chris kommt in die engere Wahl. Jen ist davon überzeugt, dass Dawson es seine Figuren in seiner Geschichte tun lassen muss.

Am Ende liegt Joey in Jacks Armen, Andie in Paceys und Jen in Dawsons, sodass nur eine Frage offen bleibt? Werden sie es tun?

Interessant ist, dass die Figuren in Dawsons Drehbuch allesamt sehr gestelzt sprechen. Ebenso, wie es Teenager nicht tun dürfen. Damit kontert die Serie auch dem Vorwurf, der immer wieder gegen sie erhoben wurde, dass sie ihre Figuren viel zu selbstanalytisch reden lässt.

Doch das ist wiederum der ganze persönliche Stil von **Dawson's Creek**. Darüber hinaus imitiert hier die Kunst das Leben, ist Dawsons Lebensgeschichte, die er in seinem Drehbuch verarbeitet, doch auch nichts anderes als die idealisierte Lebensgeschichte von Kevin Williamson.

Das Ende ist natürlich darauf ausgelegt, die Spannung nach oben zu treiben. Dementsprechend zielte die Vorschau auf die nächste Folge auch vor allem auf die Frage ab, wer von den drei Pärchen nun tatsächlich den letzten Schritt gewagt hat.

24. Intrigieren ist ihr Hobby (Sex, She Wrote)
R: Nick Marck. B: Mike White, Greg Berlanti.
D: Jason Behr (Chris Wolfe), Edmund Kearney (Mr. Peterson), Monica Keena (Abby)

Chris findet auf dem Boden des Klassenzimmers einen Zettel, aus dem hervorgeht, dass jemand in der vorherigen Nacht Sex hatte und nun verwirrt ist. Er zeigt ihn Abby, die das Geheimnis lösen will, was ihr gerade recht kommt, da sie dieses Mysterium als Aufhänger für ihre Literatur-Arbeit nehmen kann. Nach eingehender Recherche bittet sie Dawson, Joey, Pacey, Andie, Jen und

Jack in die Klasse. Wie sich herausstellt, stammt der Zettel von Pacey, der Angst hat, es mit Andie überstürzt zu haben.

Am Ende hat sogar Abby noch einen Anflug von Skrupel, den sie behält das gelüftete Geheimnis für sich.

Am interessantesten ist, dass Dawson und Joey sich gegenseitig anschreien und sich vorlügen, sie hätten in der vorherigen Nacht mit jemandem geschlafen.

Ein spannender Moment, der jedoch sofort darauf aufgelöst wird, was zu jenem Zeitpunkt nicht überraschte, war doch nicht anzunehmen, dass die Autoren das Traumpaar der Serie ihr erstes Mal mit jemand anderen erleben lassen. Hier fehlte offenbar noch der Mut, doch im Verlauf der Serie treiben die Autoren die Geschichte in diese Richtung.

Am meisten gewinnt in dieser Folge Abby, die am Ende menschliche Züge zeigen darf und somit ein paar Sympathie-Punkte auf der Skala der Zuschauer einheimsen kann. Und das ist auch dringend notwendig, war sie doch einerseits etwas einseitig, andererseits muss das Finale der Staffel vorbereitet werden.

25. Ganz unten (Uncharted Waters)
R: Scott Paulin. B: Dana Baratta, Mike White.
D: John Finn (Sheriff John Witter), Michael Hess (Perry), Deborah Hobart (Mrs. Morgan), Monica Keena (Abby)

Dawson und Pacey machen einen Hochsee-Angelausflug mit ihren Vätern. Auch Jack ist dabei, was Dawson gar nicht behagt, doch beide lernen einander während dieses Wochenendes besser kennen. Gar nicht gut geht es dagegen Pacey, der von seinem Vater immer wieder daran erinnert wird, was für eine Enttäuschung er für ihn ist.

Derweil dreht Gail eine Reportage über weibliche Teenager und lädt Jen, Joey, Andie und Abby zu sich ein. Letztere wird jedoch bald wieder ausgeladen, da sie äußerst unangenehm ist.

Was bei „Intrigieren ist ihr Hobby" begann, wird hier fortgeführt: Abbys Vermenschlichung. Am Ende gibt es ein aufschlussreiches Gespräch zwischen ihr und Andie, das aufzeigt, warum sie ist, wie sie ist. Nach langer Zeit lernt man nun auch endlich Paceys Vater kennen, der genauso ist, wie man sich das vorgestellt hat.

Die stärksten Szenen dieser Folge sind dementsprechend jene mit Pacey und John Witter, wobei man als Zuschauer nur schwer die Wut auf den alten Mann unterdrücken kann. Alle Beteiligten leisten hier Großartiges. Erstklassig geschriebene Szenen werden hervorragend gespielt, was vor allem für Joshua Jackson gilt, dessen Stimme beim klärenden Gespräch mit seinem Vater richtiggehend bricht.

John Finn als John Witter taucht noch öfters in der Serie auf und wird Pacey eines Tages tatsächlich seinen Respekt zollen.

26. Die Frau an seiner Seite (His Leading Lady)
R: David Semel. B: Shelley Meals, Darin Goldberg.

D: Rachael Leigh Cook (Devon), Jason Behr (Chris Wolfe), Eddie Mills (Ty Hicks)

Dawson findet endlich die perfekte Schauspielerin für Sammy, die Frau, die eigentlich Joey sein sollte: Devon. Die Dreharbeiten beginnen und auch Joey und Jack helfen, doch ihr gefällt es eigentlich gar nicht, dass ihr Leben in diesem Film ausgebreitet wird.

Darum kommt es zwischen ihr und Dawson zum Streit, bei dem ihr klar wird, dass er noch nicht losgelassen hat und dieser Film das einzige ist, was ihn noch aufrecht hält. Andie hat immer massivere Probleme, da ihre Stimmungsschwankungen mehr und mehr zunehmen.

Derweil hat Jen einen jungen Mann namens Ty kennen gelernt. Doch dieser ist äußerst bibelfest.

Highlight dieser Folge ist natürlich, dass man Chris Wolfe und Rachael Leigh Cook in Szenen sieht, die Momente aus älteren Episoden nachempfunden sind, sodass man deren Interpretation von Dawson und Joey mit dem Original vergleichen kann.

Darüber hinaus ist diese Folge für Dawson und Joey äußerst wichtig, da sie es versteht, tief in deren Charaktere einzutauchen und aufzuzeigen, dass beide noch längst nicht miteinander abgeschlossen haben.

Gaststar dieser Folge ist Rachael Leigh Cook, deren Karriere in den folgenden Jahren gut angezogen hat. Nach der Komödie **Eine wie Keine** hat sie in zahlreichen Filmen wie **Get Carter** oder **Josie and the**

Pussycats mitgespielt. Außerdem war sie zusammen mit James van der Beek in **Texas Rangers** zu sehen.

27. Nie wieder Gedichte (To Be Or Not to Be...)

R: Sandy Smolan. B: Greg Berlanti.
D: Edmund Kearney (Mr. Peterson), Eddie Mills (Ty Hicks), Irene Ziegler (Jane Markley), Richard K. Olsen (Mr. Milo)

Die Schüler haben ein Gedicht geschrieben, das nur für Mr. Petersons Augen gedacht war. Als Pacey den Lehrer provoziert, fordert dieser von Jack, dass er sein Gedicht der Klasse vorträgt.

Das Gedicht ist zweideutig und lässt den Schluss zu, dass Jack homosexuell ist. Er verlässt weinend das Klassenzimmer. Tags darauf fordert Peterson, dass er sein Gedicht zu Ende vorträgt. Da springt Pacey auf und spuckt dem Lehrer ins Gesicht. Dafür wird er eine Woche von der Schule suspendiert.

Joey spricht mit Jack, doch dieser kann sie nicht gänzlich überzeugen, dass er nicht schwul ist.

Das Timing dieser Folge war für Kevin Williamson wichtig, denn zusammen mit der Ausstrahlung des zweiten Teils ging auch sein Coming Out einher. Neben Jack steht vor allem Pacey im Mittelpunkt, wobei er seinen Hang, gegen Ungerechtigkeiten jedweder Art vorzugehen, hier mehr denn je gerecht wird.

Interessant ist natürlich die Art, wie Jacks Schwulsein thematisiert wird, wenngleich er hier noch vorgibt, heterosexuell zu sein, doch sein Gespräch mit Joey spricht eine deutliche Sprache.

28. Die ganze Wahrheit (...That is the Question)

R: Greg Prange. B: Kevin Williamson, Greg Berlanti.
D: Edmund Kearney (Mr. Peterson), Eddie Mills (Ty Hicks), Irene Ziegler (Jane Markley), David Dukes (Will McPhee)

Nach seiner Suspendierung hat Mr. Peterson Pacey auf dem Kieker, weswegen dieser zur Gegenwehr ansetzt und Schulrichtlinien findet, gegen die Peterson seit Jahren verstoßen hat. Es ist Paceys Werk, dass Mr. Peterson seinen Hut nimmt.

Mr. McPhee ist nach Capeside gekommen, um mit seinem Sohn zu sprechen. Es kommt zum Streit, bei dem ihm Jack erklärt, dass er schwul ist.

Später spricht Jack mit Joey. Er hat endlich erkannt, was er immer war. Als er ihr die Wahrheit erzählt, sucht sie weinend Trost in Dawsons Armen.

Alles im Leben hat Konsequenzen. Das muss auch Pacey erfahren, der sich nur wehrt, aber die Karriere eines Mannes vernichtet. Darüber hinaus ist dies jedoch auch eine Folge, die aufzeigt, dass Zivilcourage wichtig ist – egal, zu welchem Ergebnis sie auch führen mag.

Nach langer Zeit lernt man nun auch den feigen Mr. McPhee kennen, der seine Familie im Stich gelassen hat und dazu neigt, Konfrontationen aus dem Weg zu gehen. Damit wird auch endlich weiterer Einblick in die

Familie McPhee gegeben. Am meisten profitiert Jack von seinem Coming Out, da die Figur dadurch deutlich wächst.

Gleichzeitig zeigen die Autoren schon hier auf, dass es sich nicht um den Quoten- oder Vorzeigeschwulen handelt, sondern sie ein echtes Interesse daran haben, ein realistisches Bild zu zeichnen.

29. Partys und andere Peinlichkeiten (Be Careful What You Wish For)
R: David Semel. B: Heidi Ferrer.
D: Eddie Mills (Ty Hicks), Emilie Jacobs (Kelly), Rhoda Griffin (Dr. Marla Summer)

Dawson wird 16 und er weiß, dass er Joey zurückhaben muss, doch diese ist noch nicht bereit. Aber sie organisiert immerhin seine Überraschungsparty, weswegen es an Andie und Pacey liegt, ihn etwas vom Haus fernzuhalten.

Das gelingt, indem sie in eine Bar gehen, wo Dawson und Andie sich betrinken. Als sie schließlich zur Party kommen, lässt der betrunkene Dawson vom Leder und sagt jedem eindrucksvoll, was ihn bedrückt.

Das Thema Alkohol wurde bei **Dawson's Creek** immer wieder mal angepackt, wobei die Autoren es stets aufs Neue verstanden, angemessen ernst zu agieren und zu warnen, aber nicht mit der Moralkeule über den Zuschauer herfallen. Hier wird deutlich gemacht, welche Folgen übermäßiger Konsum haben kann, da Dawson nicht nur sich selbst schadet, sondern auch den Menschen in seinem Umfeld weh tut.

Die Nebenhandlung um Jen und ihren Freund Ty nimmt hier ihr Ende, da Ty wieder und wieder gezeigt hat, dass er ein bigotter Eiferer ist, der sich selbst moralisch fragwürdige Freuden gönnt, aber jeden anderen dafür verurteilt.

30. Blick in die Zukunft (Psychic Friends)
R: Patrick Norris. B: Dana Baratta.

D: Mädchen Amick (Nicole Kennedy), Rachael Leigh Cook (Devon), Nick Stable (Colin Manchester), Gareth Williams (Mike Potter), Rebecca Koon (Madame Zenovich)

Der Jahrmarkt ist in der Stadt – und mit ihm die Wahrsagerin. Sie offenbart Andie, dass ihre hinter ihr liegenden Probleme nur ein Geschmack auf weitaus größere sind. Joey erfährt, dass ein dunkler Fremder in ihr Leben treten wird.
Dawson zeigt seinen Film der neuen Filmlehrerin Ms. Kennedy, die ihn jedoch nach allen Regeln der Kunst auseinander nimmt. Der Fremde in Joeys Leben wartet vor ihrer Tür: es ist ihr Vater.

„Blick in die Zukunft" ist eine sehr behäbige Episode, die eine übernatürliche Atmosphäre hat, welche aber recht störend ist und nicht zu der Serie passen mag. Hinzu kommt, dass die Weißsagungen der Wahrsagerin so originell auch nicht sind. Dem gegenüber stehen ein paar Aspekte der Folge, die durchaus interessant sind wie die

Rückkehr von Mr. Potter oder Jacks Entscheidung, dass er noch nicht bereit ist, seine Homosexualität auszuleben. Aber davon abgesehen ist dies eine Folge der Enttäuschungen. Es wäre deutlich mehr drin gewesen. Rachael Leigh Cook, die auch in den Stabsangaben der nächsten Folge geführt wird, ist hier nur in kurzen Ausschnitten aus Dawsons Film „Creek Daze" zu sehen.

31. Die perfekte Hochzeit (A Perfect Wedding)
R: Greg Prange. B: Mike White.
D: Gareth Williams (Mike Potter), Mädchen Amick (Nicole Kennedy), Katy Selverstone (Pam), Monica Keena (Abby)

Mike Potter ist aus dem Gefängnis entlassen worden und möchte die Fehler der Vergangenheit gutmachen. Er unterstützt Bessie bei ihrer Entscheidung, das Catering von Hochzeiten zu übernehmen. Als Kellner werden Joey und ihre Freunde eingesetzt.

Auf die Hochzeit schmuggeln sich auch Abby und Jen, die wieder zu Freunden geworden sind und sich dort umsonst betrinken wollen. Nachdem Andie sie hinausgeworfen hat, geschieht ein Unglück, denn Abby stürzt volltrunken vom Pier und ertrinkt. Joey und Dawson werden wieder zu einem Paar.

Dass Abby stirbt, ist keine gar so große Überraschung, wenn man bedenkt, wie im Vorfeld versucht wurde, ihr ein paar Sympathiepunkte einzubringen. Das wiederum war nötig, damit man auch einen gewissen Verlust erlebt. Am wichtigsten ist ihr Tod jedoch für Jen, für die er noch direkte Auswirkungen haben wird.

Die anderen großen Ereignisse dieser Folge sind natürlich die Rückkehr von Mike Potter, die etwas zu glatt abläuft, als dass sie völlig glaubwürdig wäre, und das neue alte Pärchen Dawson und Joey. „Die perfekte Hochzeit" ist nicht perfekt, aber zumindest ergreifend.

32. Abbys Vermächtnis (Rest in Peace)
R: David Semel. B: Mike White.
D: Gareth Williams (Mike Potter), Michele Scarabelli (Mrs. Morgan), Heather Lynch (Holly)

Der Tod von Abby hat jeden in Capeside getroffen. Mrs. Morgan bittet Andie, bei dem Trauerdienst eine Rede zu halten. Das wiederum stürzt sie noch mehr in eine Krise, da der Tod von Abby auch die Erinnerung an ihren verstorbenen Bruder wieder wachgerufen hat.

Letztlich spricht Jen in der Kirche und lässt eine verbitterte Rede vom Stapel, derentwegen ihre Großmutter sie aus dem Haus wirft. Joey erinnert sich an den Tod ihrer Mutter und Gail erhält ein Jobangebot aus Philadelphia.

Der Tod kommt oft unvermittelt. So auch in der Welt von **Dawson's Creek**, wobei die Trauergäste hier nur zu oft Trauer heucheln, da so mancher Abby niemals gemocht hat. Und das verwundert natürlich nicht. So präsentiert sich diese Folge wie eine Charakterstudie, die zeigt, wie sich der Tod eines Menschen auf die Menschen in seinem Umfeld auswirkt, egal, ob sie ihn nun mochten oder nicht. Speziell im Fall von Andie werden hier auch Hinweise auf die weitere Entwicklung gegeben, da es zunehmend klarer wird, dass die junge Frau um ihre geistige Gesundheit kämpft, wofür ein Drama wie das hier gezeigte nicht unbedingt zuträglich ist.

33. Projekt Wiedervereinigung (Reunited)
R: Melanie Mayron. B: Greg Berlanti.
D: Mädchen Amick (Nicole Kennedy), Scott Denny (Tim McPhee), Rhoda Griffin (Dr. Marla Summer)

Dawson und Joey gehen in ein Restaurant, in dem auch Mitch und Nicole Kennedy sind. Als auch noch Gail und Jen dazukommen, schmieden die jungen Leute den Plan, das Projekt Wiedervereinigung zu starten, das aber natürlich nicht so abläuft, wie sie es sich vorgestellt haben.

Derweil ist Andie endgültig zusammengebrochen. Sie sieht ihren toten Bruder Tim, der sie zu sich holen will. Erst nach langen und gutem Zureden kann Pacey sie überzeugen, Jack und ihm zu erlauben, ihr zu helfen.

Während die Handlungsebene um Mitch und Gail sehr witzig ist und einige Lacher parat hält, ist jene um Andie hochdramatisch, denn in ihrem Kern geht es um das Thema Suizid. Andie sieht ihren Bruder, der sie bedrängt, doch letztendlich ist sie es, die überlegt, ob sie aus dem Leben scheiden soll. Greg Berlanti hat ein ausgezeichnetes Drehbuch geschrieben, bei dem er sehr subtil aufzeigt, wie ein Mensch, der eigentlich so stark ist, von seinen Problemen beinahe zerbrochen wird.

Außergewöhnlich gut gelöst ist auch die Einbeziehung von Tim, von dem man anfangs tatsächlich glauben könnte, es wäre jemand, der Pacey ersetzen sollte.

34. Der Abschied (Ch ... Ch ... Changes)
R: Lou Antonio. B: Dana Baratta.
D: David Dukes (Will McPhee), Gareth Williams (Mike Potter), David Dwyer (Pete)

Jack hat seinen Vater angerufen, da Andie Hilfe braucht. Dieser will beide zu sich nach Providence holen, doch Jack entscheidet sich, in Capeside zu bleiben. Andie geht jedoch nach Providence, da sie gesund werden will. Jen, die bislang bei den Leerys gelebt hat, hat ihre Mutter angerufen und gefragt, ob sie zurückkommen kann, doch eine negative Antwort erhalten.

Als sie Capeside verlassen will, hält Jack sie auf und lädt sie ein, zusammen mit ihm zu leben. Dawson bereitet für eine Hausaufgabe einen Interview-Film vor, bei dem er mit jemandem sprechen will, der sich stark verändert hat. Er denkt an Joeys Vater, muss jedoch herausfinden, dass dieser immer noch mit Drogen dealt.

Es geht um Väter und Mütter und ihre Söhne und Töchter. Während man die Beziehung der Leerys und Witters schon längst kennt, sind es nun die McPhees und Lindleys, die in den Mittelpunkt rücken, wobei vor allem die Szenen mit Jen bitter sind, scheint ihre Mutter doch gar kein Interesse mehr an der Tochter zu haben.

Weit besser gestaltet sich das Gespräch zwischen Jack und seinem gefühlskalten Vater, der zumindest sagen kann, dass er hofft, dass sein Sohn glücklich wird. Damit ergibt sich immerhin ein erster Schritt zur Aussöhnung. Noch viele werden folgen müssen, doch auch Rom wurde nicht an einem Tag erbaut.

Darüber hinaus bereitet diese Folge das Finale vor, denn Mike Potters Taten müssen Konsequenzen haben.

35. Ein fataler Entschluss (Parental Discretion Advised)
R: Greg Prange. B: Greg Berlanti.
D: Gareth Williams (Mike Potter), John Finn (Sheriff John Witter), Richard K. Olsen (Mr. Milo)

Mike Potters Konkurrenz zündet das Icehouse an, wobei er fast ums Leben kommt. Nach dem Brand, bei dem auch die Freunde anwesend waren, kommt es zur Konfrontation zwischen Pacey und seinem Vater, der eine abfällige Bemerkung über Andie gemacht hat und dafür von seinem Sohn niedergeschlagen wird.

Jen möchte nach Hause zu ihrer Großmutter zurückkehren, doch sie stellt eine Bedingung, auf die die alte Dame auch eingeht. Sie möchte einen Gast mitbringen, der ebenfalls nach einer Familie sucht: Jack. Dawson spricht mit seinen Eltern über Mr. Potter und sagt es schließlich auch Joey, die dabei hilft ihren Vater zu überführen, was für ihn erneut Gefängnis bedeutet.

Danach will sie Dawson nie wiedersehen. John Witter geht auf seinen Sohn zu.

Das Finale der zweiten Staffel hat es in sich, tut sich hier doch unheimlich viel. Am interessantesten, obwohl subtilsten ist vielleicht Jens kleine Geschichte, die vor dem Feuer nicht wegrennt, da sie letzten Endes nicht genug hat, wofür es sich zu leben lohnt. Greg Berlanti geht hier abermals sehr subtil mit einem Thema um, das vorsichtig angefasst werden muss.

Fast ebenso interessant sind die Szenen zwischen Pacey und seinem Vater, wobei er diesem endlich die Stirn bietet, wobei dies interessanter weise wegen Andie passiert, sodass sie abermals für eine positive Veränderung in seinem Leben verantwortlich ist. Am Ende gibt es auch bei diesen beiden so etwas wie einen ersten Schritt zur Aussöhnung, zollt der Vater dem Sohn doch den Respekt, den dieser verdient hat.

Unglaubwürdig ist dagegen das Ende, das damit einhergeht, dass Joey Dawson abschießt. Die Begründung ist einfach lachhaft, ist es doch schließlich nicht er, sondern Mike Potter selbst, der sich wieder ins Gefängnis bringt. Hier wird man das Gefühl nicht los, die Autoren wollten das Paar Dawson und Joey auf Teufel komm raus noch in dieser Staffel aufsplitten, sodass die Zuschauer schon zu Beginn der dritten Staffel mit der

Frage konfrontiert werden würden, ob es für die beiden noch ein Happyend geben kann oder nicht.

Zwischenspiel via Internet

Wer nun sofort die Besprechungen zur dritten Staffel erwartet, der möge sich noch etwas gedulden oder einfach weiterblättern – dann jedoch könnte ihm etwas entgehen, das das Sehvergnügen der neuesten Folgen noch erhöht.

Das Leben von **Dawson's Creek** ist nämlich nicht mehr länger nur auf das Fernsehen beschränkt, sondern spielt sich auch im Internet ab. Jeder kennt die üblichen offiziellen Seiten, mit denen Fernsehsender ihre Serien bewerben und die kaum mehr bieten als das offizielle Pressematerial, aber bei **Dawson's Creek** ist alles anders. Zwar gab es auch die offizielle Seite von WB, doch weit interessanter für die Fans war die Seite von Columbia TriStar, der produzierenden Firma, die hinter der Serie steht.

Zu finden war diese Seite unter www.dawsonscreek.com. Es gab darin eine ganze Menge interessanter Dinge zu sehen. Das Konzept erlaubte einen Level von Interaktivität, der im Bereich fernsehbegleitender Seiten seinerzeit absolut revolutionär war und aufzeigte, welche Möglichkeiten sich im Internet eigentlich auftun.

Auf dieser Seite konnte der User sich in Dawsons Desktop einloggen. Nach einer Passwortabfrage, die sich von selbst erledigt, erhielt man so Zugang zu den E-Mails, die Dawson im Verlauf der Woche geschrieben und empfangen hat, konnte sich in seinem Journal ansehen, was er von den Ereignissen, die sich in der

Serie zugetragen haben, hält, und konnte sich sogar einige von Dawsons Drehbüchern durchlesen.

Darüber hinaus war man in der Lage, sich kleine Filme und Clips anzusehen und wurde somit sehr viel tiefer in die Gefühlswelt von Dawson und seinen Freunden, die natürlich über eigene Homepages verfügen, hineingezogen.

Dass die verschiedenen Ebenen nicht unabhängig voneinander fungieren, beweist die Tatsache, dass nach dem Ende einer jeden Episode das Geschehen im Internet weiterging, sodass die eifrigen Fans auch während der langen Wartezeit bis zur nächsten Folge keine Entzugserscheinungen auf sich nehmen mussten.

Auch fanden sich auf der Homepage einige Rätsel und Mysterien, die von Dawson und seinen Freunden gelöst werden mussten. Der geheimnisvolle Virtual Eyes nahm hier möglicherweise die wichtigste Rolle ein: er besetzte den Platz der verstorbenen Abby und versuchte, jedem das Leben so schwer wie möglich zu machen.

Während der Sommerpause, als in den USA keine neuen Folgen von **Dawson's Creek** produziert und nur Wiederholungen gesendet wurden, konnte man sich über den Newsletter der Seite dafür eintragen, regelmäßige wöchentliche E-Mails von Dawson zu erhalten, der seine Zeit in Philadelphia bei seiner Mutter verbrachte und dort ein Praktikum absolvierte. Nachfolgend nun die gesamten E-Mails, die darüber Aufschluss geben, was Dawson zwischen der letzten Folge der zweiten Staffel und der ersten Folge der dritten Staffel erlebt hat. Die Mails bleiben unkommentiert und wurden nur dahingehend bearbeitet, dass Passagen, die sich ausschließlich auf die Desktop-Ereignisse beziehen, gestrichen wurden, um jene Fans, die bisher lediglich die Serie mit verfolgt haben, nicht zu verwirren.

11. Juni 1999

Hallo an alle ...

Ich hoffe, das klingt nicht zu unpersönlich, aber es erscheint so viel einfacher, diese wöchentlichen Bestandsaufnahmen meines Lebens in Philadelphia in diesem Sommer an euch alle zu adressieren, als jedem die Geschichte einzeln wieder und wieder zu berichten. Um so mehr, da ich das Gefühl habe, dass mich die Arbeit hier ziemlich beschäftigen wird. Heute habe ich im Studio begonnen. Es geht recht hektisch zu, wobei alles und jeder von einer Aktivität erfüllt ist, an die ich definitiv noch nicht gewöhnt bin. Das wird mit der Zeit aber schon noch werden. Es gibt hier so viele Leute, an deren Namen man sich erinnern muss. Oh, und unglücklicherweise gibt es auch einen Namen, den ich gerne vergessen würde – Amber Tamarick. Das ist die andere Praktikantin hier im Haus und sie lässt keine Gelegenheit aus, mir unter die Nase zu reiben, dass ich diesen Job nur „Nepotismus" verdanke und noch nicht mal die High School abgeschlossen habe. Ich wünschte, ich könnte ihr aus dem Weg gehen, aber wie es aussieht, werden wir wohl zusammenarbeiten müssen. :(

Das wär's für heute. Schreibt mir zurück, und ich antworte, sobald ich kann. Bis nächste Woche.

Dawson

18. Juni 1999

Hallo Leute,

ich gewöhne mich langsam an das Leben in der großen Stadt. Der Lärm vor meinen Fenster hält mich nicht mehr die ganze Nacht wach, und ich habe mich selbst dazu gebracht, schneller zu gehen. Mein Kumpel Jim, der bei der Show als einer der Produktionsassistenten arbeitet, meinte, dass man beim Gehen aussehen müsste, als wüsste man genau, wo man hinwolle, da alles andere einer Einladung gleichkommt, überfallen zu werden.
     Allerdings ist Jim aus New York, weswegen ich mal denke, dass er hier ein wenig übertreibt. Philadelphia erscheint mir nicht so gefährlich. Außerdem wohnen wir hier nur wenige Minuten von einem Multiplex entfernt. Das ist ein ganz neues Konzept – tatsächlich eine Wahl zu haben, welchen Film man sehen will. Bisher habe ich mir „Der Liebesbrief", „Instinkt" und „Die Mumie" angesehen. Keiner davon hat mir wirklich gefallen, aber jetzt habe ich sie wenigstens mal gesehen.
     Hier zu leben hat mich inspiriert, mir den Soundtrack von „Philadelphia" zu besorgen. Aber ich schweife ab. Diese Woche ist wirklich gut gelaufen, abgesehen von einem Zusammenstoß mit dem Kopierer

und einem weiteren mit dem Nachrichtenmoderator. Ich denke, die Erfahrungen hier werden mir gut tun.

Haltet mich auf dem Laufenden, Leute.

Dawson

27. Juni 1999

Hi Leute,

es gibt nicht allzu viel zu berichten. Die Dinge laufen hier gut. Ich arbeite eine Menge, aber das gefällt mir. Den Großteil der letzten Woche habe ich auf dem Set und im Kontrollraum verbracht. War alles sehr interessant, auch wenn es nicht unbedingt dasselbe ist, wie einen Film zu machen. Auch die Leute, mit denen ich zu tun habe, sind recht interessant. Anfangs neigte ich dazu, sie für reservierte und prätentiöse Snobs zu halten, aber inzwischen habe ich sie besser kennen gelernt und erkannt, dass sie weit mehr zu bieten haben, als man auf den ersten Blick erkennt.

Ich hoffe, in Capeside ist alles in Ordnung. Jim hat versprochen, mich in der Stadt mal herumzuführen, damit ich auch das Nachtleben von Philadelphia kennen lerne.

Dawson

04. Juli 1999

Hi alle miteinander,

nun bin ich offiziell in das Nachtleben von Philadelphia eingeführt worden. Ich kann nicht gerade sagen, dass ich überwältigt gewesen wäre. Die bedeutsamste Sache, die ich gelernt habe, ist, dass Bars und Clubs gleich in welcher Stadt auch nur das sind – Bars und Clubs. In ein paar bin ich natürlich nicht hineingekommen, da sie die IDs gecheckt haben. Jim hat mir angeboten, mir einen falschen Ausweis zu besorgen, aber ich habe abgelehnt. Als ich mir vorstellte, wie ich deswegen verhaftet werde und meine Mutter mich von einem Philly Polizeirevier abholen muss und mir die Frage stellt, „Dawson, wie konntest du nur?", und ich darauf antworte, „Na ja, damit ich in eine Bar komme ...", schien es einfach kein ausreichender Grund zu sein, das Gesetz zu brechen (anders als z.b. Videos von Screen Play zu kopieren).

Wir haben aber schließlich eine Bar gefunden, in der sie die ID nicht gecheckt haben. Da spielten wir etwas Pool (wie vorhergesehen bin ich da erbärmlich schlecht) und sahen uns ein paar Frauen an (mit denen ich natürlich nicht geredet habe). Ich habe aber meinen Schwur gehalten, keinen Alkohol mehr zu trinken und mir nur eine Cola Light bestellt, wofür mich Jim gnadenlos aufgezogen hat bis ich ihm erklärte, wie sich meine letzte Erfahrung mit Alkohol gestaltet hatte und dass ich nicht den geringsten Drang verspürte, diese Performance zu wiederholen. Tja, das war mein Erleben dieser Stadt bei Nacht. Ich bin ziemlich unbeeindruckt, aber jede neue Erfahrung bringt ihre Vorzüge mit, und vielleicht benutze ich diese ja irgendwann mal für ein Drehbuch.

Ansonsten läuft alles glatt. Was den Job betrifft, gibt es nichts Besonders zu berichten. Ich hoffe, bei Euch läuft auch alles glatt.

Dawson

10. Juli 1999

Hallo,

glücklicherweise haben Amber und ich diese unglaublich mondäne Internet-Romantik-Geschichte hinter uns gebracht. Unseren nächsten Auftrag dürfen wir frei wählen. Das sollte interessanter werden, auch wenn ich immer noch mit Amber Tamarick zusammenarbeiten muss. Von meinen Problemen mit ihr abgesehen, verbringe ich hier trotz allem eine schöne Zeit. Noch nicht einmal die unglaubliche Hitze kann mir meine gute Laune nehmen.

Selbst mit all den Attraktionen, die diese Stadt zu bieten hat, kann ich nicht wirklich sagen, dass es hier noch allzu viel zu tun gibt oder dass ich jemals mehr Spaß gehabt hätte als mit euch herumzuhängen und zu relaxen.

Sicher, hier gibt es mehr Filme, viele verschiedene Geschäfte und sehr viel bessere öffentliche Transportmittel, aber wenn man es genau betrachtet, sind es die Menschen um einen herum, die einen Ort wirklich interessant und lebenswert machen. Das wären meine tiefsinnigen Gedanken für heute. Außerdem neige ich immer mehr dazu zu glauben, dass Menschen interessanter werden, je besser man sie kennen lernt. Ich halte Euch auf dem Laufenden.

Dawson

17. Juli 1999

Hallo, meine Freunde ...

In den letzten Tagen habe ich Philly mit meiner Hi-8 unsicher gemacht. Für den Fall, dass ich jemals ein paar Aufnahmen einer Großstadt für einen meiner Filme brauche, habe ich jetzt schon mal Vorsorge getroffen. Über das Essen in dieser Stadt haben wir bisher noch nicht gesprochen. Die ganz besonderen Käsesteaks, die es hier gibt, genieße ich wirklich, aber bisher war ich noch nicht in der Lage, einen wirklich guten Burger in Philly zu finden. Falls einer von euch einen Tipp hat, nur heraus damit. Ich weiß nicht, was ich zu Hause noch essen soll, wenn sie das Icehouse nach dem Brand nicht wieder aufbauen.

Bis bald.

Dawson

24. Juli 1999

Hallo,

ich mag nicht in der Lage gewesen sein, in dieser Stadt einen richtig guten Burger zu finden, aber zumindest bin ich über ein tolles Café gestolpert. Okay, es ist nicht ganz wie Mollye's, aber das Xando Coffeehouse & Bar ist definitiv ein Ort, den ihr (ganz besonders die koffeinabhängige Jen!) auch lieben würdet. Zu schade, dass ihr nicht hier sein könnt. Ich war auf jeden Fall erst vor kurzem mit Sarah und Jim dort. Die beiden meinten auch, sie würden gerne einmal Capeside besuchen, da ich ihnen schon so viel Gutes darüber erzählt habe. Vielleicht kommen sie uns also nach den Sommerferien besuchen. Ansonsten hat sich nicht viel getan. Oh, meine Mom hat eine neue Frisur! Wirklich aufregend, nicht?

Alles Liebe.

Dawson

31. Juli 1999

Bald breche ich unter der Hitze zusammen. Ich kann mich schon gar nicht mehr erinnern, wann es einmal ein bisschen kühler in dieser Stadt war. Zu allem Überfluss hat gestern die Klimaanlage ihren Geist aufgegeben, sodass wir alle in unserem Schweiß baden durften. Ich muss schon zugeben, dass mir die frische Ozeanbrise, die über Capeside hinwegzieht, abgeht.

Ich hoffe, ihr genießt das angenehme Capeside-Klima.

Dawson

09. August 1999

Falls ihr jemals hierher kommt, müsst ihr unbedingt zum Reading Terminal Market. Owen, der die Praktikanten betreut, hat uns in einem überraschend großzügigen Moment (vermutlich inspiriert von seinen lahmen Versuchen, seinen Bossen in den Arsch zu kriechen) heute Mittag dorthin ausgeführt. Ich glaube, ich habe seit Thanksgiving nicht mehr so viel gegessen. Der Market ist ein unwirkliches Sammelsurium an Fast-Food-Ständen aus allen Ecken dieses Planeten. Unnötig zu sagen, dass ich beeindruckt war.

Dawson

14. August 1999

Hallo an alle,

was geht ab in Capeside? Ich bin jetzt schon so lange weg, dass ich denke, es wird merkwürdig werden, wieder nach Hause zu kommen. Da wir gerade davon sprechen, ich bin noch nicht ganz sicher, wie ich zurückkomme. Irgendwie glaube ich, dass es den Aufwand nicht wert ist, mit dem Flugzeug zu reisen. Darum nehme ich vielleicht auch nur den Bus.

Wir werden sehen, schätze ich. Momentan bin ich immer noch damit beschäftigt, all die Rätsel dieser Stadt zu lösen. Das ist einer der Vorteile von Philly. In Capeside sind mir die großen Mysterien ausgegangen. :)
Ich hoffe, ihr hattet alle eine tolle Woche ...

Alles Liebe.

Dawson

21. August 1999

Hallo,

heute sind wir mittags in dieses phantastische französische Restaurant gegangen, das unserem Entre Nous meilenweit voraus ist. Es nennt sich Le Bec Fin, aber so gut es auch war, die Burger des Icehouse schlägt es nicht. Sie wollen das Icehouse wirklich nicht neu aufbauen? Das ist zu schade, besonders für Joey und Bessie, aber ich schweife schon wieder ab.

Bis bald.

Dawson

27. August 1999

Hallo an alle,

das war eine richtig irrsinnige Woche. Ich war nahe dran, verhaftet zu werden, meine Jungfräulichkeit zu verlieren und gefeuert zu werden. In dieser Reihenfolge. Hand aufs Herz, nach klassischem Dawson-Leery-Muster war das alles natürlich nur nahe dran. Das hat mich natürlich zum Nachdenken veranlasst. Ich habe mich gefragt, ob ich wohl je Risiken auf mich nehme. Ist Dawson Leery vom Schicksal vorherbestimmt, immer den sichersten Kurs zu nehmen? Sind Worte wie „spontan" und „rücksichtslos" vollkommen außerhalb meiner Möglichkeiten? Wartet, antwortet lieber nicht darauf – besonders du nicht, Jen!

Dawson

04. September 1999

Diese Woche war wieder etwas ruhiger. Das heißt, mein Privatleben war ruhiger. Die ganze Woche war unglücklicherweise mit einer Menge drängender Arbeit und einigen Mini-Projekten, die man mir aufgehalst hat, vollgestopft. Gestern haben Amber und ich den GANZEN Tag damit verbracht, irgendwelche lächerlichen Flyer für eine Wohltätigkeitsveranstaltung, die vom Sender übertragen wird, in Kuverts zu verpacken. Das ist für den Moment alles.

Dawson

10. September 1999

Hi Leute,

momentan bin ich mit Arbeit und einigem anderen gerade stark beschäftigt, aber ich wollte euch trotzdem eine kurze Nachricht zukommen lassen. Allerdings gibt es nichts besonders Aufregendes zu berichten. Oh, außer (Jen, ich weiß, du wirst jetzt gleich neidisch werden ...), dass ich vollkommen unerwartet das Konzert von Tori Amos und Alanis Morisette hier in Philly besuchen konnte.

Das war schon eine tolle Erfahrung. Am Ende der Show hatte ich das Gefühl, ich müsste mich bei allen Frauen im Publikum wegen meines Y-Chromosoms entschuldigen. Ach ja, wir hätten auch beinahe meinen Cousin Brad bei dem Konzert verloren, aber konnten ihn schließlich wiederfinden. Ich muss jetzt zurück zur Arbeit.

Bis bald.

Dawson

18. September 1999

Ich fühle mich gerade gar nicht danach, euch eine Nachricht zukommen zu lassen. Was als eine der besten Wochen meines Lebens begann, mutierte irgendwie zu einer der schlimmsten Wochen, und nimmt nun einen Platz direkt neben der Woche ein, in der ich Capeside verließ, und dem Tag, an dem Ms. Kennedy über meinen Film hergefallen ist. Es scheint, dass es meinem Leben bestimmt ist, von seinem vergnüglichen Kurs immer wieder abzukommen und in den dunklen Abgrund der Verzweiflung zu stürzen. Schätze aber, das macht nicht wirklich etwas aus.

Das einzig Gute momentan ist, dass ich nächste Woche nach Hause komme. Wird auch gut sein, da die Schule immerhin bald beginnt. Gott allein weiß, was für neue Tragödien dieses Semester bringen wird (davon abgesehen, dass wir einen neuen Direktor bekommen und mein Dad der Football Coach ist).

Ich habe mich jetzt dazu entschlossen, mit dem Bus nach Capeside zu fahren.

Dawson

24. September 1999

Ich wollte euch nur kurz wissen lassen, dass ich bald aufbreche. Alles in allem denke ich, dass dieser Sommer sehr viel mehr Positives als Negatives bereitgehalten hat.

Ich glaube, ich musste einfach mal sehen, was das große Stadtleben zu bieten hat.

Es gibt eine ganze Welt außerhalb von Capeside. Und einiges davon ist, wie ich finde, erstaunlich. Es gibt so viel mehr zu erleben und die Menschen hier sind weniger voreingenommen als zu Hause. Auf der anderen Seite bin ich froh, dass es in Capeside keine Probleme wegen Obdachlosigkeit, fortschreitender Umweltverschmutzung oder korrupten Nachrichtenproduzenten gibt (zumindest soweit ich das absehen kann). Ich habe hier sogar ein paar neue Freunde gefunden, wobei ich mit einigen gerne in weiterem Kontakt bleiben will. Natürlich vermisse ich mein normales Leben, genauso wie ich euch in diesem Sommer vermisst habe. Worauf ich hinaus will? Ich bin bereit, nach Hause zu kommen.

Ich kann es kaum erwarten, euch endlich wiederzusehen.

Dawson

Season 3

36. Ein Schlag ins Wasser (Like a Virgin)
R: Greg Prange. B: Tammy Ader.
D: Brittany Daniel (Eve), Vanessa Dorman (Belinda), Obba Babatunde (Direktor Green)

Dawson lernt die mysteriöse Eve kennen, die in einer Go-Go-Bar arbeitet. Sie verleitet ihn dazu, mit dem Boot seines Vaters eine Spritztour zu unternehmen. Diese endet jedoch wenig erfreulich und mit einem Schaden von 3.000 Dollar.

Auf Paceys Idee hin trommelt Eve ihre Freundinnen zusammen, um eine Party zu veranstalten, durch die sich das Geld für den Schaden hereinholen lässt. Derweil hat Joey erkannt, dass sie einen Fehler gemacht hat. Sie möchte Dawson zurück, doch ein klärendes Gespräch läuft anders als sie es erwartet hat.

Dawson liebt sie, doch ist er der Meinung, dass beide erst Abstand brauchen, bevor eine gemeinsame Beziehung wieder funktionieren kann. Sie findet schließlich Trost bei Pacey

Der Auftakt der neuen Staffel geht mit einigen Veränderungen einher, die die vergangenen Monate mit sich gebracht haben. So lebt Mitch wieder in seinem alten Haus, damit Dawson, dessen Mutter in Philadelphia arbeitet, nicht allein ist. Außerdem wird er zum Footballcoach der High School.

Am wichtigsten ist aber natürlich die Frage, wie es mit Dawson und Joey weitergeht. Die Auflösung dieser Frage macht jedoch wenig Spaß, ist sie doch nicht ganz nachvollziehbar. So wenig glaubwürdig es war, dass Joey Dawson im Finale der letzten Staffel abgeschossen hat, so wenig ist es nun glaubwürdig, dass er sie nicht zurücknehmen würde. Vielmehr ist dies eine eher billige Hinhaltetaktik, um den Zuschauer bei der Stange zu halten, während das Kriegen-sie-sich-oder-kriegen-sie-sich-nicht-Spielchen fleißig weiterläuft.

Kevin Williamson war mit Beginn dieser Folge nicht mehr an der Serie beteiligt und das merkt man vor allem in den ersten Folgen ganz beachtlich, da viele Fehler begangen werden, die er sehr wahrscheinlich vermieden hätte. Besonders gilt dies in Hinblick auf Eve, deren Background den Zuschauer schon bald so richtig stöhnen lässt.

37. Kein Weg zurück (Homecoming)
R: Melanie Mayron. B: Greg Berlanti.
D: Obba Babatunde (Direktor Green), Brittany Daniel (Eve), David Dukes (Will McPhee), Michael Pitt (Henry)

Dawson trifft erneut auf Eve, die ihm schnellen Sex in Aussicht stellt. Die Gelegenheit dazu gibt es später, doch wird sie jäh unterbrochen. Direktor Green und Mitch wollen von Dawson, dass er einen Film über das Footballteam macht, der die vielen Niederlagen vergessen macht.

Mitch findet mit dem Freshman Henry und Jack zwei neue Spieler, die dem Team künftig zum Sieg verhelfen sollen. Pacey holt Andie von der Klinik ab, doch etwas stimmt nicht. Wie sich später herausstellt, liegt das daran, dass Andie einmal mit einem anderen Jungen geschlafen hat. Pacey verzeiht ihr, doch das Wissen um diesen Betrug nagt an ihm. Und so muss er sich von ihr trennen. Dawson und Joey sprechen miteinander. Sie kommen überein, dass es im Moment am besten für sie beide ist, nur Freunde zu sein.

Es gibt Handlungselemente dieser Episode, die durchaus zu gefallen wissen, doch insgamt gesehen gelingt es ihr nicht, zu überzeugen. Dafür sind zu viele Faktoren enthalten, die einfach nicht aufgehen wollen. Man denke nur an das wieder einmal mäandernde Getänzel zwischen Dawson und Joey, das nicht auf eine Lösung zuläuft, sondern letzten Endes nur stagniert. Interessanter wäre dahingegen schon die Handlung um Pacey, doch hier ist das Problem, dass das Schlüsselereignis – Andies Verrat – hier nicht gezeigt, sondern nur erzählt wird, was automatisch dazu führt, dass man sich als Zuschauer auf die Seite von Pacey wirft. Und das wiederum bedeutet im Umkehrschluss keinerlei Spannung, da kein echter Konflikt da ist. Andie ist schuldig. Punktum. Was auch immer Pacey tut, ist richtig. Für eine von Konflikten und Drama lebende Serie ist das etwas zu wenig.

38. Harvard, Harvard über alles (None of the Above)
R: Patrick Norris. B: Bonnie Schneider, Hadley Davies.

D: Brittany Daniel (Eve), Niklaus Lange (Rob), Michael Pitt (Henry), Obba Babatunde (Direktor Green)

Eve präsentiert Dawson die Lösungen des PSAT, eines wichtigen Tests. Dieser weiß nicht, was er machen soll, weswegen er seine Freunde um Rat fragt. Nach einem Feueralarm sind die Lösungsergebnisse verschwunden. Einer muss sie genommen haben.

Nach einem Gespräch mit Eve verdächtigt Dawson Pacey, den er aufsucht, aber nur betrunken vorfindet, da dieser die Trennung von Andie nicht verkraftet hat. Beide streiten sich und schlagen sich gegenseitig ins Gesicht. Als der Tag des Tests kommt, verlassen sowohl Dawson, als auch Pacey diesen vorzeitig und nehmen nicht daran teil.

Sie versichern sich ihrer Freundschaft. Es war Andie, die die Lösungsergebnisse gestohlen hat. Henry erzählt Jack, dass er auf Jen scharf ist.

„Harvard, Harvard über alles" ist die erste Folge der dritten Staffel, die wirklich funktioniert, wenngleich der Umweg über Eve nach wie vor störend ist. Woher sie die Testergebnisse hat, wird nicht ausgeführt. Genau deswegen erinnert dies aber auch einfach an schlechtes Drehbuchschreiben. Einen Katalysator für die Geschichte hätte man auch anderweitig ersinnen können.

Die Haupthandlung ist jedoch über jeden Zweifel erhaben, geht es hier doch um Moral und Freundschaft, zwei essenzielle Dinge im Leben. Dabei wird die Freundschaft zwischen Dawson und Pacey auf die Probe gestellt, wissen doch beide um ihre dunklen Seiten, die hier ausbrechen. Am Ende sind sie jedoch stärker als alle Probleme. Ganz anders Andie, die obwohl sie eine erstklassige Schülerin ist, der Versuchung unterliegt, da sie immer und überall die Beste sein muss. Darüber hinaus zeigt diese Folge, wie sehr die Trennung von Andie Pacey zusetzt.

39. Das große Spiel (Home Movies)
R: Nick Marck. B: Jeffrey Stepakoff.
D: Obba Babatunde (Direktor Green), Michael Pitt (Henry)

Dawson macht für das lokale Fernsehen eine Dokumentation über Jack, den neuen Star-Quarterback des Teams. Mitch ist darüber nicht gerade erfreut, erfährt der Gegner doch so, wer der beste Spieler im Team ist. Und tatsächlich, am Tag des Spiels geht der Gegner gezielt gegen Jack vor, doch seinem Team gelingt es dennoch, den Sieg davonzutragen. Jen verlässt die Cheerleader, erklärt sich jedoch bereit, bei einer Auktion mitzumachen, bei der ein Kuss versteigert wird.

Henry ersteigert diesen für die stolze Summe von 500 Dollar. Pacey hat sich ein heruntergekommenes Schiff gekauft, das er wieder flott machen will: die True Love. Dawson schenkt Joey ein Video, das sie beide als Kinder zeigt.

Es sind die kleinen Momente, die zählen – hier mehr denn je. Die Momente zwischen Pacey und Joey, die mehr und mehr zu wirklich guten Freunden werden, auch wenn er sein Engagement vor allem deswegen so stark betreibt (zumindest zu Anfang), weil Dawson ihn gebeten hat, sich um Joey zu kümmern. Die Momente zwischen Mitch und seinem Sohn, die die Unterschiede zwischen beiden Männern aufzeigen. Der eine liebt den Sport, der andere sieht lieber einen Film. Am Ende gehen sie jedoch aufeinander zu. Einer der schönsten Momente der Serie überhaupt, der von familiärer Liebe geprägt ist.

„Das große Spiel" ist eine Folge in bester **Dawson's Creek**-Tradition, die an die Klasse der ersten beiden Staffeln erinnert. Leider geht es mit der nächsten Folge schon wieder bergab.

40. Indian Summer (Indian Summer)
R: Lou Antonio. B: Gina Fattore, Tom Kapinos.
D: Brittany Daniel (Eve), Niklaus Lange (Rob), Michael Pitt (Henry), Dylan Neal (Doug Witter)

Dawson spioniert seiner Femme Fatale Eve hinterher und findet schließlich heraus, dass sie in Capeside ist, weil sie einst adoptiert worden ist und nun hier nach ihrer leiblichen Mutter sucht. Wie Dawson später herausfindet, ist diese Frau niemand anderes als Jens Mutter. Joey erwehrt sich den Avancen ihres widerlichen Bosses Rob, der schließlich mit Andie ausgeht, doch sie verdirbt ihm die Tour. Dafür revanchiert er sich, indem er sie entlässt. Jack arrangiert ein Date für Henry, doch Jen ist von dieser Kuppelei wenig angetan.

Dass Eve die Halbschwester von Jen ist, ist eine Enthüllung, wie sie alberner nicht sein könnte. Damit bewegt sich die Serie in Daily-Soap-Untiefen, die man besser umfahren hätte. Immerhin warten die Autoren mit einem der billigsten Klischees der Fernsehgeschichte auf. Bedauerlich ist dies umso mehr, da die Episode durchaus Elemente hat, die gefallen. Die Stimmung der Folge selbst ist äußerst schön eingefangen, erinnert doch alles an einen schwülen Film Noir. Darüber hinaus gibt es interessante Charaktermomente – so etwa mit Joey oder Pacey Bruder Doug –, aber all das wird von der großen Enthüllung überschattet.

41. Mit allen Mitteln (Secrets and Lies)
R: Greg Prange. B: Greg Berlanti, Alex Gansa
D: Michael Pitt (Henry), Niklaus Lange (Rob), Richard K. Olsen (Mr. Milo)

Jen wurde zur Homecoming Queen gewählt und steht nun im Mittelpunkt einer großen Veranstaltung, was ihr eigentlich gar nicht gefällt. Dafür erhält Henry eine Chance, einen Abend mit ihr zu verbringen, aber dennoch muss sie ihm sagen, dass sie nichts für ihn empfindet. Andie hat erkannt, dass Rob ein Schleimer ist. Pacey kommt ihr mehr oder minder zu Hilfe, was in einer Nacht für beide gipfelt.

Beinahe könnte man das Gefühl haben, sie kämen wieder zueinander, doch Pacey erkennt am nächsten Morgen, dass sie einen Fehler begangen haben. Er erklärt Andie dies und bricht ihr dabei das Herz. Gail kommt nach Capeside zurück.

An dieser Folge wird besonders deutlich, wie losgelöst die Figur Jen Lindley vom Rest des Ensembles ist, weswegen es auch durchaus verständlich ist, warum Michelle Williams eigentlich aus der Serie aussteigen wollte. In dem Handlungsgerüst mit und um Henry ist Jen vollkommen allein, losgelöst von Dawson und Co. Und das ist etwas, das im Grunde bis zum Ende der Serie mal mehr, mal weniger stark zu Tage tritt.

Am interessantesten an dieser Folge ist aber ohne Frage der Plot um Pacey und Andie, der aufzeigt, dass die junge Frau auch zu schäbigen Mitteln kann, um zu erreichen, was sie sich wünscht, sprich Pacey zurückzubekommen. Dafür erfindet sie sogar eine Beinahe-Vergewaltigung, die natürlich nicht stattgefunden hat.

Die Rückkehr von Gail war natürlich abzusehen, da Mary-Margaret Humes nach wie vor zu den Hauptdarstellern zählt.

42. Die Hexeninsel (Escape from Witch Island)
R: James Whitmore Jr. B: Tom Kapinos
D: Vanessa Dorman (Belinda McGovern), Obba Babatunde (Direktor Green)

Für ein Schulprojekt will Dawson einen Dokumentarfilm über Witch Island machen. Auf dieser Insel wurden vor Jahrhunderten 13 Frauen hingebracht, die man für

Hexen hielt. Während Jen und Pacey darüber reden, dass Sex mit Leuten, die man nicht liebt, leichter ist, wird Dawson und Joey klar, dass sie sich in letzter Zeit kaum noch gesehen haben und kaum noch wissen, was im Leben des jeweils anderen vorgeht. Darüber hinaus geraten alle vier noch in den Bann der gruseligen Insel.

Inspiration für diese Folge fand Tom Kapinos natürlich bei dem Horrorfilm **The Blair Witch Project**, doch nutzt er diese, um seine Geschichte etwas anders zu erzählen. Eine weitere Hommage an den Film gibt es, indem auch hier Interviews mit den Stadtbewohnern geführt werden. Am Ende gibt es gar noch ein echtes übernatürliches Element, auf das man jedoch getrost hätte verzichten können.

Der Autor versäumt es nicht, zu zeigen, dass Hexenverfolgungen in anderer Art auch heutzutage noch existieren. Hierfür benutzt er eine Nebenhandlung mit Andie, die im Disziplinarausschuss der Schule sitzt und eifrig ihrem neuen Job nachgeht, um so die eigene Schuld zu kompensieren.

Darüber hinaus gefällt diese Episode, da nicht nur alle vier Kernfiguren endlich mal wieder miteinander etwas unternehmen, sondern zwischen Dawson und Joey auch ein zarter Neuanfang gemacht wird, wenngleich dieser hauptsächlich ihrer Freundschaft gilt.

43. Rat mal, wer zum Essen kommt (Guess who's coming to Dinner)
R: Jim Charleston. B: Heidi Ferrer

D: Mel Harris (Helen Lindley)

An Thanksgiving besucht Helen Lindley ihre Tochter, doch die Differenzen zwischen beiden sorgen für so manch ungute Situation. Grams hat alle Freunde eingeladen, um das Fest gemeinsam zu feiern, wobei Pacey am liebsten wieder gehen würde, als er Andie sieht, doch von Jack eines Besseren belehrt wird. Dawson erzählt Helen Lindley von ihrer Tochter Eve.

Später spricht sie darüber mit Jen, die nun ihre Mutter ein bisschen besser verstehen kann. Zwischen Pacey und Jen kommt es, dem Pakt folgend, fast zu freudigem Sex, doch Pacey lehnt ab, da Jen offenbar nur ihre Wut auf ihre Mutter kompensieren will.

Nachdem Eve eingeführt worden ist, entledigt man sich ihrer hier auf äußerst billige Art und Weise – nämlich offscreen. Sie ist nicht mal mit von der Partie bei dieser Folge, sodass alles, was nun geschieht, auch ohne Belang ist. Es war eine Schnapsidee, Jens Schwester in die Serie mit aufzunehmen, aber nachdem dies einmal geschehen ist, wäre es schon vonnöten gewesen, die Geschichte wenigstens zufriedenstellend zum Ende zu bringen. Das hat man leider versäumt.

Dafür stimmt der Rest der Episode wirklich zufrieden, ist dies doch das erste Mal in der dritten Staffel, dass die Freunde tatsächlich Freunde sind und auch wie solche handeln. Darüber hinaus ist es ein Familientreffen, auf das man auch schon lange gewartet hat, fragte man sich doch in den ersten zwei Jahren immer wieder mal, wie Jens Eltern wohl so sind. Am

Ende spricht übrigens jeder seinen Dank aus, wobei einige Szenen von besonderer Bedeutung sind, so etwa die mit Joey, wenn sie all jenen dankt, die heute nicht da sein können ...

44. Tango für Vier (Four to Tango)
R: James Whitmore Jr. B: Gina Fattore
D: Amy Parrish (Penny Pretty), Jason Davis (Mr. Kapinos), Tony Schnur (Ben Street)

Pacey braucht Nachhilfe in Mathe. Die will ihm Joey geben, aber dafür muss er mit ihr an einem Tanzkurz teilnehmen. Dawson verdächtigt Pacey, mit Joey geschlafen zu haben, hat er doch erst ihn und später ein Kondom in seinem Zimmer gefunden.

Tatsächlich war Pacey jedoch mit Jen dort, obschon zwischen beiden nichts lief. Sie sind einander einfach zu vertraut. Als Dawson und Jen Pacey und Joey folgen, kommt es auf der Tanzfläche zu klärenden Gesprächen. Jack hat ein Date mit einem Jungen, jedoch zuviel Panik, als dass er es wahrnehmen würde.

„Tango für Vier" ist eine spritzige Komödie, der Irrungen und Wirrungen, in denen das Chaos seinen Lauf nimmt, weil jede der Figuren von Annahmen ausgeht, die der Wahrheit entbehren. So wird jedoch große Komik geschaffen, die angesichts der oftmals tragischen Ereignisse der Serie gern gesehen ist.

Darüber hinaus gibt es aber auch einen ernsten Kern des Ganzen, denn hier wird bereits angedeutet, dass zwischen Pacey und Joey letzten Endes mehr denn nur Freundschaft bestehen könnte. Diese Andeutungen sind hier derart subtil, dass man sie nur auf Grund der weiteren Entwicklung der Staffel als solche erkennen kann.

Denn Pacey wird es noch innerhalb der dritten Staffel klar, was er für Joey empfindet. Und so folgt er seinem Herzen.

45. Tausend kleine Wunder (First Encounters of the Close Kind)

R: Greg Prange. B: Leslie Ray
D: Bianca Lawson (Nikki Green), Robin Dunne (A.J. Moller), Adam Kaufman (Ethan)

Dawson, Joey, Jack und Andie fahren nach Boston. Joey sieht sich die Universität an und lernt dabei den Studenten A.J. Moller kennen, mit dem sie sich sehr gut versteht. Beide tauschen sogar Telefonnummern aus. Dawson stellt seinen Film über Witch Island bei einem Festival vor, erntet aber nur schlechte Kritik.

Ganz anders dagegen Nikki Green, deren Film einfach wunderbar ist. Wie sich herausstellt, ist Nikki die Tochter von Direktor Green und wird bald nach Capeside kommen. Jack sieht sich im Schwulenleben der Stadt um, hat jedoch noch nicht den Mut, mehr daraus zu machen. Andie möchte mit dem Direktor der Universität sprechen, hat jedoch keinen Termin.

„Tausend kleine Wunder" ist eine Folge der ersten Begegnungen und des Kennenlernens. Jeder der Protagonisten trifft auf jemanden, der ihm etwas wichtiges zu sagen hat. Mit Ausnahme von Andy sind dies auch allesamt Menschen, die noch auf längere Sicht (oder zumindest bis zum Ende der Staffel) von Bedeutung sein werden.

Am gelungensten ist dabei die Figur von Nikki Green, die von Bianca Lawson, noch bestens als Vampirjägerin Kendra aus **Buffy – Im Bann der Dämonen** bekannt, dargestellt wird. Sie wird zu Dawsons Konkurrentin und fordert ihn heraus. Darüber hinaus bringt sie etwas Aufruhr in die Serie und gehört somit zu den interessantesten Neuzugängen.

Dass Dawsons Film auf dem Festival derart durchfällt, ist in gewisser Weise eine Überraschung, hat man bislang doch wie jeder gute Capesider geglaubt, er sei ein kleines Genie. Doch einen Beweis hierfür hat man bislang nicht gesehen. Und da nun auch er selbst an seinem Talent zweifelt, steht dies auch dem Zuschauer zu.

46. Barfuss in Capeside (Barefoot at Capefest)

R: Jan Eliasberg. B: Bonnie Schneider, Hadley Davies
D: Obba Babatunde (Direktor Green), Bianca Lawson (Nikki Green), Michael Pitt (Henry), Adam Kaufman (Ethan)

Ethan, den Jack kurz zuvor kennen gelernt hat, kommt nach Capeside, um einem Konzert beizuwohnen. Er lädt

Jack ein, sich ihm anzuschließen. Jen kapiert endlich, dass sie Henry wirklich mag, weswegen sie ihm eine Chance gibt. Bei der Schulinszenierung von „Barefoot in the Park" ist Andie die zweite Regisseurin und muss sich mit Pacey herumärgern, der die Hauptrolle spielt, was hauptsächlich der Fall ist, weil ihm dafür eine gute Note versprochen worden ist.

Nikki macht Dawson klar, dass er etwas Neues in seinem Leben finden muss. Wenn er nur Filme und Spielberg hat, wird er immer nur Filme über Filme, aber nie über eine andere Leidenschaft machen. Er beseitigt alle Memorabilia aus seinem Zimmer, doch Joey bringt ihm ein Poster von „Imagine" vorbei, um ihn daran zu erinnern, dass es für ihn nicht immer nur Spielberg gab. Früher wollte er wie John Lennon sein.

Diese Folge ist ein bedeutsamer Meilenstein, geschieht es doch hier, dass Dawson seine Liebe für den Film vorerst fahren lässt. Er schätzt das Medium noch immer, doch macht er sich nun auf die Suche nach etwas anderem, das sein Leben erfüllen kann. Dabei half ihm ausgerechnet Nikki, die dadurch einmal mehr zeigt, wie gut sie zu Dawson passt, da sie ihn bestens versteht. Angesichts von Folgen wie dieser ist es äußerst schade, dass Nikki nur in der dritten Staffel mit dabei war.

Viel lieber hätte man gesehen, wie sich die tief empfundene Freundschaft zwischen ihr und Dawson noch entwickelt. Leider haben die Autoren hier eine äußerst interessante Chance verschenkt.

Dafür gibt es noch eine wunderschöne Schlussszene, die uns aufzeigt, dass Dawson mehr als nur

Spielbergfan ist. Seine Leidenschaft mag sich darauf fokussiert haben, doch kann sie grenzenlos sein. Mit der Entscheidung, Film vorerst zur Seite zu legen, verändert sich Dawson gewaltig, war dies doch eines der definierenden Elemente seiner Figur über mehr als zwei Jahre hinweg.

47. Luftschlösser (A Weekend in the Country)
R: Michael Katleman. B: Jeffrey Stepakoff
D: Michael Pitt (Henry), Obi Ndefo (Bodie), Carl McIntire (Mr. Fricke)

Das Bed and Breakfast der Potters ist eröffnet, doch noch bleiben die Gäste aus. Darum arrangiert Pacey es, dass Mr. Fricke, ein einflussreicher Kritiker der B&B-Szene, das Haus besucht. Damit dieses belebter aussieht, hat er auch für Gäste gesorgt: Grams kommt mit ihren Enkeln Jen, Andie und Jack und Mitch und Gail sind ein verliebtes Pärchen.

Natürlich hält das Spiel nicht lange und Mr. Fricke erkennt, was hier abgeht. Doch er hat auch erkannt, dass er sich an einem der wärmsten Orte dieser Welt befindet, an dem die Menschen sich noch umeinander kümmern. Andie bittet Jack schließlich, wieder zu ihr und ihrem Vater zu ziehen.

In den USA jubelte die Fachpresse seinerzeit, dass die Serie zu alter Stärke zurückgefunden hätte. Und dem ist tatsächlich so, denn der unheimlich peinliche, extrem kitschige Soap-Einschlag der ersten Folgen ist nun vollkommen vergessen. Stattdessen hat man sich auf alte Tugenden besonnen und präsentiert menschliche Geschichten.

Damals wurde die Produktion übrigens für eine Woche zum Halt gebracht, um die Zeit zu nutzen, Drehbücher extensiv umzuschreiben, da man sich bemühen wollte, wieder zu alter Qualität zurückzufinden.

Eine der schönsten Szenen dieser Folge ist Mitch und Pacey vorbehalten, die normalerweise nicht allzu oft miteinander etwas zu tun haben. Hier ist der ältere Mann jedoch fast so etwas wie ein Ziehvater, der Pacey klarmacht, was für ein Freund er für die Menschen um sich herum ist.

Darüber hinaus deutet diese Folge an, dass Pacey sich mehr und mehr in Joey verliebt. Eine Entwicklung, die allen ihm und Joey noch viel Freude, aber auch Kummer bescheren wird.

48. Nordlicht (Northern Lights)
R: Jay Tobias. B: Gina Fattore
D: Robin Dunne (A.J. Moller), Michael Pitt (Henry), Bianca Lawson (Nikki Green)

Das Theaterstück wird aufgeführt und Pacey ist hochnervös, doch nachdem er die Bühne erst mal betreten hat, hat er das Geschehen im Griff. Das Stück wird zum Erfolg. Henry und Jen kommen in ihrer Beziehung weiter, nachdem ihr klar geworden ist, dass sie ihn in letzter Zeit etwas vernachlässigt hat. Joey hat ein Date mit A.J., kommt sich in dessen Gegenwart ob seines Wissensstandes jedoch etwas dumm vor. Am Ende sehen sich Joey und Dawson die Nordlichter an.

Eine Überraschung ist, dass Dawson die Filmklasse verlässt, da er eine Weile ohne Film auskommen will und muss, um zu sehen, ob es für ihn auch noch anderes im Leben geben kann. Damit ist seine Zukunft zum ersten Mal seit vielen Jahren nicht mehr genau vorhergezeichnet, da er nun nicht länger weiß, was er eines Tages machen wird.

Weiter ausgebaut wird auch Paceys Interesse an Joey, das hier noch recht subtil abläuft, was letzten Endes nur bedeutet, dass der junge Mann noch nicht den Mut gefunden hat, sich seinen Gefühlen zu stellen.

Kurz angesprochen wird Joeys Leidenschaft für die Kunst. Schade, dass diese mit dem Ende der zweiten Staffel verschwand bzw. nicht mehr im geringsten angedeutet worden ist. Auch dies ist eine der Veränderungen, die von der zweiten zur dritten Staffel gemacht worden sind. Besonders schade ist dies, da diese Leidenschaft ein bestimmendes Element für Joeys Charakter war.

49. Schmetterlinge im Bauch (Valentine's Day Massacre)

R: Sandy Smolan. B: Tom Kapinos
D: Michael Pitt (Henry), Alex Breckenridge (Kate), Michael Hagerty (Matt Caulfield), Dylan Neal (Doug Witter)

Matt Caulfield, ein reicher Unsympath, plant eine Party, zu der auch Dawson und seine Freunde wollen. Darum gilt es, Doug auszuhorchen, der etwas davon gehört hat, dass beim Golfplatz eine Party stattfinden soll.

Die Freunde gehen auf die Party, wobei auch Jacks Ex-Freundin Kate mit dabei ist. Dawson versucht, bei ihr zu landen, was Joey erzürnt, da das gar nicht dem entspricht, was sie von Dawson erwartet. Wenig später wird die Party gesprengt und es geht ab in die Ausnüchterungszelle, wo Pacey vom Leder lässt.

Als alle gehen dürfen, behält Doug Pacey hier und gibt ihm den Rat, der Frau seiner Träume seine Gefühle zu gestehen. Pacey will diesen Rat beherzigen, doch als er später vor Joey steht, fehlt ihm der Mut. Mitch verdonnert Dawson dazu, seiner Mutter bei der Eröffnung ihres Restaurants zu helfen.

Die Einbeziehung von Kate in die Geschichte ist nett, doch die Enthüllung, dass sich auch ihr zweiter Freund als schwul geoutet hat, ist doch des Guten etwas zuviel. Denn wie groß mag die Wahrscheinlichkeit dafür schon sein? Nicht wirklich groß, genau.

Eine Veränderung hat Doug durchgemacht, der Pacey nun nicht mehr nur triezt, sondern ihm mit Rat zur Seite steht. Damit erweist er sich erstmals als der Bruder, der er eigentlich auch sein sollte. Interessant ist auch Dawson, dessen charakterliche Veränderung hier voranschreitet, denn immerhin hat man es nun mit einer neuen Art von Dawson zu tun, der das (Teenager-)Leben in vollen Zügen genießen will.

50. Tabula Rasa (Crime and Punishment)

R: Joe Napolitano. B: Gina Fattore, Alex Gansa
D: Obba Babatunde (Direktor Green), Dylan Neal (Deputy Doug Witter), Michael Hagerty (Matt Caulfield), Obi Ndefo (Bodie)

Joey wurde von Direktor Green ausgewählt, ein Wandgemälde zu machen, das die Gemeinsamkeiten der Gemeinschaft aufzeigen soll. Sie entscheidet sich für ein chinesisches Symbol. Am Tag der Enthüllung wartet eine hässliche Überraschung auf sie: Das Gemälde wurde total ruiniert.

Pacey findet den Schuldigen: Caulfield. Es kommt zur Schlägerei, nach der Direktor Green Caulfield der Schule verweist und Pacey dem Mentorprogramm zuteilt. Andie gesteht Direktor Green, dass sie bei dem PSAT-Test geschummelt hat.

Sie rechnet ebenfalls mit einem Rauswurf, doch Green gibt ihr eine zweite Chance. Pacey zieht bei Doug ein, da er es zuhause nicht mehr aushält.

Nach langer Zeit wird Joeys Liebe für die Kunst wieder einmal in den Mittelpunkt gerückt, wodurch nur umso stärker auffällt, wie sehr dieser Aspekt ihrer Figur in der bisherigen Staffel gefehlt hat.

Lange auf Auflösung musste der Subplot um Andie und ihren Betrug warten. Hier nun ist sie bereit, sich für ihre Sünden zu verantworten, wobei für sie spricht, dass sie gegen sich selbst mit derselben Härte vorgehen würde wie gegen andere, doch zwischen ihr und Caulfield existiert ein himmelschreiender Unterschied. Während ihr ihr Versagen Kummer bereitet, schert sich Caulfield nicht um seine Taten. Und darum wird ihr eine zweite Chance gewährt.

Widerling dieser Episode ist natürlich Caulfield, der offensichtlich der Ersatz für Chris Wolfe ist, der nicht mehr greifbar war, da Jason Behr längst seine eigene Serie hatte. Vom Background sind beide Figuren sehr ähnlich, wenngleich Chris noch ein klein wenig sympathischer war.

Der Humor der Folge ergibt sich aus der Tatsache, dass das ungleiche Gespann Pacey und Doug sich nun eine Bleibe teilt.

51. Rettet Green! (To Green, With Love)

R: Ken Fink. B: Gina Fattore, Greg Berlanti
D: Robin Dunne (A.J. Moller), Obba Babatunde (Direktor Green), Bianca Lawson (Nikki Green), Obi Ndefo (Bodie), Michael Hagerty (Matt Caulfield)

Die Eltern sind aufgebracht und setzen Superintendent Fielding unter Druck. Dieser wiederum reicht ihn an Green weiter und erklärt, dass er dessen Rücktritt erwartet, sollte er Matt Caulfield nicht wieder an der Schule aufnehmen. Joey organisiert den Protest der Schüler und erhält dabei auch von A.J. Unterstützung.

Derweil drehen Gail und Dawson einen Fernsehbericht, um auf die Ungerechtigkeit dessen, was Fielding unternimmt, hinzuweisen. Am Ende sind die

Fronten verhärtet. Da Green nicht nachgibt, verlässt er die Schule. Nicht jedoch, ohne dass ihm seine Schüler noch einmal ihren Respekt bekunden.

„Wenn Du einem gerechten Kampf begegnest, schließ Dich ihm an. Dr. Kings Worte." Das sagt Nikki zu ihrem Vater und zitiert damit einen der größten Bürgerrechtler aller Zeiten. Und genau darum geht es in dieser Folge, denn auch wenn oberflächlich gesehen nur die Frage nach der Richtigkeit von Greens Entscheidung durch die Eltern angezweifelt wird, so ist es letzten Endes ein Zeichen von latentem Rassismus, das hier gesetzt wird, denn das „weiße" Capeside ist gegen den farbigen Direktor.

Das wiederum wirft ein wenig gutes Licht auf die Gemeinde, womit vielen Zuschauern sicherlich auch der Spiegel vorgehalten werden soll.

Großartig ist das Finale, das Green auf seinem letzten Weg zeigt. Leider scheiden damit auch Obba Babatunde und Bianca Lawson aus der Serie aus, was äußerst bedauerlich ist, haben ihre beiden Figuren sie doch ganz besonders bereichert.

52. Traum und Wirklichkeit (Cinderella Story)
R: Janice Cooke-Leonard. B: Jeffrey Stepakoff
D: Robin Dunne (A.J. Moller), Jonathan Lipnicki (Buzz), Deborah Kellner (Morgan)

Joey besucht A.J. in Boston, wo dieser eine seiner Geschichten vor Publikum vortragen darf. Als sie sie hört, wird ihr klar, dass A.J. in seine beste Freundin Morgan verliebt ist, wobei es den beiden im Endeffekt wie ihr und Dawson geht. Darum entscheidet Joey sich, A.J. Lebewohl zu sagen, auf dass er sein Glück mit Morgan finden kann.

Sie ruft Pacey an und bittet ihn, sie in Boston abzuholen. Das tut er auch, nachdem er den Tag als Teil des Mentorprogramms mit dem kleinen Buzz verbracht hat. Als beide nach Hause fahren, reden sie viel und Pacey ergreift endlich die Initiative. Er küsst Joey. Gail eröffnet endlich ihr Restaurant „Leery's Fresh Fish".

Das Ende lässt offen, ob Joey Paceys Kuss erwidert, doch die nächsten Folgen sind in der Beziehung mehr als eindeutig. Interessant ist die Spiegelung der Beziehung von Dawson und Joey mit A.J. und Morgan, die im Endeffekt wie die zwei Helden der Serie sind. Einer der Schlüsselmomente nicht nur dieser Folge, sondern der ganzen Serie ist dieser Dialog:

Joey: „Kannst Du es nicht hören?"

A.J.: „Was?"

Joey: „Das lauteste Geräusch von allen. Nicht ausgesprochene Liebe."

Diese drei Zeilen enthalten alles, was **Dawson's Creek** ausmacht, gelten sie doch nicht nur für Joey und Dawson, sondern nun auch für Pacey, dessen lautestes Geräusch auch Joey nicht vernehmen kann, bis er Taten folgen lässt.

53. Dicke Luft (Neverland)

R: Patrick Norris. B: Maggie Friedman
D: Jonathan Lipnicki (Buzz), Michael Pitt (Henry Parker),
David Dukes (Mr. McPhee), Adam Kaufman (Ethan),
Dylan Neal (Deputy Doug Witter)

Joey ist perplex. Beide fahren weiter, ohne ein Wort zu sagen und sprechen später mit ihren Geschwistern. Doug rät Pacey, es Dawson an einem Ort zu sagen, der für ihn ihre gemeinsame Vergangenheit widerspiegelt, um so die Wut zu dämpfen.

Darum geht Pacey mit seinem Freund Campen, doch als dieser ihm erklärt, auf ihn könne er sich immer verlassen, bringt Pacey es nicht übers Herz, Dawson alles zu sagen. Joey spricht mit Jen und gibt zu, dass sie für Pacey Gefühle entwickeln könnte.

Pacey kommt zu dem Schluss, dass es ein Fehler war. Er möchte Dawsons Freundschaft nicht riskieren.

Serien wie **Dawson's Creek** arbeiten natürlich auch immer wieder mit dem Thema unerwiderter Liebe oder dem Opfer, das ein Liebender bringt. Hier gibt es genau das, ist Pacey doch bereit, das eigene Glück zu opfern, um die Freundschaft mit Dawson zu erhalten. Eine Entscheidung, die sein Leben nicht gerade leichter gemacht hat.

Interessant ist auch die Nebenhandlung um Jack, der sich mit seinem Vater ausspricht. Beide können hier einen Neubeginn starten, da der alte McPhee erkannt hat, dass er einen wirklich guten Sohn hat. Noch ist nicht alles ausgestanden, doch von hier aus kann es nur besser werden.

54. Gestohlene Küsse (Stolen Kisses)

R: Greg Prange. B: Tom Kapinos
D: Michael Pitt (Henry Parker), Rodney Scott (Will Krudski), Julie Bowen (Tante Gwen)

Dawson, Joey, Andie und Pacey fahren zu Gwen, der Tante des jungen Filmliebhabers. Dort trifft Pacey auch auf einen alten Jugendfreund: Will Krudski. Pacey und Joey wollen sich eigentlich aus dem Weg gehen, doch ihre Lippen finden schließlich zueinander.

Gwen bemerkt dies, wobei ihr klar wird, welche Probleme sich hier auftun.

Als störend erweist sich Will Krudski, der nur in der Handlung auftaucht, da man damit die gescheiterte Serie **Young Americans** bewerben wollte.

Offensichtlich wurden die Produzenten vom Sender angesprochen, die Figur hier und in den nächsten Folgen einzubauen, um eine Art Synergie-Effekt zu erzielen. Die Rechnung ist jedoch nicht aufgegangen.

Interessant ist dagegen, dass Dawson hier endlich zugibt, dass er nicht einmal mehr den Grund kennt, warum er nicht mit Joey zusammen ist. Doch nun könnte es bereits zu spät sein ...

55. Gebrochene Herzen (The Longest Day)

R: Perry Lang. B: Gina Fattore

D: Jonathan Lipnicki (Buzz), Michael Pitt (Henry Parker), Dylan Neal (Deputy Doug Witter), Rodney Scott (Will Krudski)

Nach der Taufe von Paceys Boot spricht Joey mit Jen und erklärt, dass sie es Dawson sagen wird. Pacey wiederum will es auch Dawson sagen, doch findet er ihn den ganzen Tag nicht. Dafür verplappert Jen sich, sodass Dawson es von ihr erfährt. Am Abend kommt es zum großen Streit zwischen den dreien, nach dem Joey sicher ist, dass sie mit keinem von beiden glücklich werden kann. Andie bedauert Pacey, da sie weiß, dass Joey ihn nie so lieben wird, wie sie es mit Dawson getan hat.

„Gebrochene Herzen" ist eine außergewöhnliche Episode, wird doch dieselbe Geschichte aus drei verschiedenen Perspektiven – der von Pacey, Joey und Dawson – erzählt, wobei die Handlungsebenen am Ende für ein furioses Finale zusammenlaufen. Emotional mitreißend ist diese Folge natürlich auch, wird man doch Zeuge des Bruchs einer jahrelangen Freundschaft. Die Liebe ist etwas Merkwürdiges, bedenkt man all den Schmerz, den sie mit sich bringt.

56. Liebe ist ein großes Wort (Show me Love)

R: Morgan J. Freeman. B: Liz Tigelaar, Holly Henderson

D: Michael Pitt (Henry Parker), Rodney Scott (Will Krudski)

Zwei Wochen sind vergangen und Dawson und Pacey sprechen noch immer nicht miteinander. Joey möchte, dass alles wie früher wird, doch das ist längst nicht mehr möglich. Bei einer Regatta entscheidet sich das Rennen zwischen Dawson und Pacey, wobei ersterer so auf den Sieg versessen ist, dass er eine Kollision riskiert und disqualifiziert wird.

Dawson erklärt Joey, dass er sie nicht verlieren will. Als Pacey mit Joey spricht, sagt er ihr, dass er ihr kein Ultimatum stellen wird.

Erstaunlich ist an dieser Folge, wie negativ Dawson gezeichnet wird, ist es doch pure Selbstsucht, die ihn handeln lässt. Es wirkt beinahe so, als sei es nicht Liebe, die ihn zu Joey zielt, sondern er vielmehr etwas, das ihm gehört, nicht einfach weggeben will.

Darüber hinaus lebt diese Episode von ihrer bedrückenden Stimmung, da es niemandem wirklich gut geht. Sie alle leiden unter den Konsequenzen ihrer Taten.

57. Zwischen allen Stühlen (The Anti-Prom)
R: Greg Prange. B: Maggie Friedman
D: Michael Pitt (Henry Parker), Adam Kaufman (Ethan)

Die Prom steht an, doch da Jack nicht mit seinem Date Ethan dort hingehen darf, veranstaltet Dawson eine Anti-Prom im Fresh Fish. Dort ist die Situation natürlich gespannt, da auch Pacey mit Andie anwesend ist. Joey tanzt schließlich auch mit Pacey, um zu zeigen, dass sie keine Wahl treffen will. Sie will vielmehr, dass wieder alles so ist wie früher. Andie rät Pacey, dass er Joey sein Herz ausschütten soll.

Es ist das Gefühl einer jahrelangen und innigen Freundschaft, die über Nacht zerbrochen ist, welche diese Folge auch kennzeichnet. Die letzten Folgen der dritten Staffel verändern das Gesicht von **Dawson's Creek** für immer, denn Dawson und Pacey werden nie wieder die Freunde sein, die sie in den bisherigen Episoden waren. Hier haben Taten tatsächlich ernste Konsequenzen und der Status Quo verändert sich. Genauso wie im echten Leben.

58. Jetzt oder nie (True Love)
R: James Whitmore Jr. B: Tom Kapinos, Gina Fattore
D: Obi Ndefo (Bodie), Adam Kaufman (Ethan), Dylan Neal (Deputy Doug Witter), Michael Pitt (Henry Parker), David Dukes (Mr. McPhee)

Mitch und Gail heiraten wieder. Doug rät Pacey, mit Joey zu sprechen und nicht einfach auf einen dreimonatigen Segelturn zu gehen, wenn sie ihm einen Grund geben könnte, zu bleiben. Da Pacey nichts unternimmt, spricht Doug mit Joey. Dawson erkennt schließlich, dass Joey nur bei ihm ist, weil sie Angst hat, seine Freundschaft zu verlieren. Darum gibt er sie frei.

Sie geht zu Pacey und gesteht ihm ihre Liebe, woraufhin beide in den Sonnenuntergang segeln. Als

Dawson nach Hause kommt, warten Jen; Jack und Andie auf ihn. Sie wollen ihm in dieser schweren Stunde nicht allein lassen. Jack hat Liebeskummer und sein Vater bietet ihm Trost an.

Das Finale dieser Staffel ist weit besser als das der vorherigen, da hier alle Handlungsfäden zu einem befriedigendem Ende geführt werden, ohne dass es bemüht wirken würde. Sie würde gar als ein Serienfinale herhalten, doch noch folgen drei Jahre, in denen die Jungs und Mädels Herzschmerz erleben und erleiden müssen.

Am Ende findet auch Dawson zu seiner eigenen Würde zurück, da er erkennt, dass das, was er tut, falsch ist. Darum lässt er Joey ziehen, auch wenn es ihm das Herz bricht. Und damit opfert er sein eigenes Glück, das zwar erzwungen, aber gegeben gewesen ist, um der Frau seiner Träume das ihrige zu ermöglichen. Ein schönes, ein wehmütiges Ende, das noch durch den Epilog mit Dawson und seinen Freunden unterstrichen wird.

Season 4

59. Wiedersehen in Capeside (Coming Home)
R: Greg Prange. B: Greg Berlanti
D: Garikayl Mutambiruba (Jon), Jason Daniel Roberts (Jon Jon/Jay Jay), Dylan Neal (Doug), Sasha Alexander (Gretchen).

Nach drei Monaten auf See sind Joey und Pacey wieder in Capeside und nichts ist, wie es war. Pacey ist obdachlos und muss nun auf dem Boot leben, da seine Schwester Gretchen bei Doug eingezogen ist. Dawson ist Joey gegenüber ziemlich kalt und stellt ihre Freundschaft in Frage. Doch er ist die einzige Person, der sie die Frage beantwortet, die jeder außer ihm an sie gerichtet hat: Sie hat nicht mit Pacey geschlafen.

„Wiedersehen in Capeside" ist ein schöner Auftakt, der jedoch auch aufzeigt, dass nichts mehr jemals so sein wird, wie es einmal war. Besonders deutlich wird dies bei jenem eisigen Blick, den sich Pacey und Dawson zuwerfen. Wie bei jedem Staffelanfang gibt es auch hier einige Veränderungen.

Henry alias Michael Pitt ist nicht nach Capeside bzw. zu der Serie zurückgekehrt. Damit ist Jen einmal mehr solo. Neueinsteigerin dieser Staffel ist Sasha Alexander, die Paceys Schwester darstellt und zuvor in Kevin Williamsons gescheiterter Serie **Wasteland** eine Hauptrolle gespielt hat.

60. Die große Ernüchterung (Falling Down)

R: Sandy Smolan. B: Tom Kapinos.

D: Mark Matkevich (Drue Valentine), Carolyn Hennesy (Mrs. Valentine), Sasha Alexander (Gretchen)

Joey bewirbt sich als Kellnerin im Yacht Club und lernt dabei Drue Valentine, den Sohn der Betreiberin kennen, der ihr einen üblen Streich spielt. Paceys schulische Leistungen sind so schlecht, dass es fraglich ist, ob er die High School abschließen wird. Doch er will nicht mit Joey darüber reden, weil es ihm peinlich ist. Dawson hat sich mit Gretchen angefreundet, die versucht, seine Freundschaft zu Pacey zu kitten.

Drue Valentine tritt die Nachfolge von Chris Wolfe und Matt Caulfield an (wohin letzterer verschwunden ist, bleibt fraglich). Dabei ist er aber zumindest eher ein Charmeur wie Chris, denn ein vollkommener Unsympath wie Caulfield. Mark Matkevich hatte sich seinerzeit für die Rolle von Jack McPhee beworben und auch vorgesprochen, wurde jedoch von Kerr Smith ausgestochen. Sehr schön an dieser Folge ist die beginnende Vertrautheit, die zwischen Dawson und Gretchen aufkommt.

61. Der Sturm (Two Gentlemen of Capeside)

R: Sandy Smolan. B: Jeffrey Stepakoff.

D: Mark Matkevich (Drue Valentine), Harve Presnell (Mr. Brooks), Carolyn Hennesy (Mrs. Valentine), David Downs (Mr. Kasdan)

Pacey und Jen segeln mit der True Love und geraten inmitten eines Hurricanes. Joey macht sich enorme Sorgen – und so auch Dawson, der das Boot von Mr. Brooks „ausleiht" und sich aufmacht, die beiden zu suchen. Natürlich begleitet ihn Joey und tatsächlich können sie die True Love finden, da Pacey Kurs auf eine Bucht gesetzt hat, in der er und Dawson früher oft waren.

Nachdem Dawson ihm das Leben gerettet hat, bedankt Pacey sich bei ihm und entschuldigt sich für alles.

Während der deutsche Titel an Wolfgang Petersens **Der Sturm** angelegt ist, bezieht sich das Original auf William Shakespeares „Zwei Herren aus Verona", in dem es ebenfalls um zwei Freunde geht, die um dieselbe Frau wetteifern. Von der Wucht der Aufnahmen ist diese Folge aber natürlich eine Hommage an den Petersen-Film, wurden ein Hurricane und seine Auswirkungen auf See doch selten derart mitreißend umgesetzt.

Doch nicht nur die äußeren, auch die inneren Konflikte wissen zu überzeugen, denn was auch immer geschehen sein mag, ein ganz zarter Neuanfang wird gemacht, indem Pacey sich endlich bei Dawson entschuldigt.

62. Himmel und Hölle (Future Tense)
R: Michael Lange. B: Gina Fattore.

D: Alex Wharff (Jason), Nicole Arviso (Stacy), Heather Avery Clyde (Ms. Watson), Sasha Alexander (Gretchen), Mark Matkevich (Drue)

Joey macht sich Sorgen um ihre Zukunft, wobei auch die Frage aufkommt, was mit Pacey geschehen wird. Doch dieser macht ihr klar, dass er ihr überallhin folgen wird. Dru und Jen haben eine gemeinsame Vergangenheit. Nun wirft er für sie eine Geburtstagsparty, obwohl sie gar nicht Geburtstag hat.

Als er Jen Ecstasy anbietet, zeigt sich, dass er sich nicht im Geringsten geändert hat. Gretchen arbeitet nun in „Leery's Fresh Fish" und sie und Dawson verstehen sich immer besser.

Eine Folge wie diese macht schmerzlich bewusst, wie sehr sich die Serie verändert hat. Waren es früher die drei (vier, wenn man Jen hinzu zählt) Freunde, deren Leben miteinander verbunden war, so sind sie alle nun Einzelkämpfer. Eine kalte Atmosphäre ist zwischen den ehemaligen Freunden zu spüren, wobei nun jeder seinen Weg geht.

Das heißt natürlich, dass sich die Serie auch formal verändert hat, da Dawson, Joey und Pacey kaum noch etwas zusammen unternehmen.

Dementsprechend gibt es verschiedene Handlungsstränge, denen die Episoden folgen, auch wenn sich die einzelnen Plotelemente hin und wieder überschneiden.

63. Schwanger (A Family Way)

R: Nancy Malone. B: Maggie Friedman.
D: Harve Presnell (Mr. Brooks), Carly Schroeder (Molly Say), Bridgett Newton (Caroline Say), Sasha Alexander (Gretchen), Obi Ndefo (Bodie)

Gail ist schwanger, möchte das Kind jedoch abtreiben lassen, da sie glaubt, zu alt zu sein. Als Dawson dies erfährt, spricht er mit Gretchen, die Ähnliches erlebt hat. Joey überlegt, ob sie mit Pacey schlafen soll, fühlt sich dafür aber noch nicht bereit. Dawson renoviert das Haus von Mr. Brooks als Ausgleich für die Schäden an dessen Boot. Die Arbeit ist jedoch alles andere als leicht, ist Mr. Brooks doch ein Griesgram.

Nun also ist es endlich enthüllt, das Geheimnis, wegen dem Gretchen nach Capeside zurückgekommen ist. So ganz überraschend ist es nicht, aber immerhin baut Autorin Maggie Friedman hier nette Parallelen zur Hauphandlung auf.

Und dann gibt es auch die immer wieder gern gesehenen gemeinsamen Momente von Gretchen und Dawson, wobei dieser durch die Linse eines Fotoapparats – seine neue Leidenschaft – sein mehr als nur freundschaftliches Interesse an ihr zementiert.

Darüber hinaus gibt es ein Wiedersehen mit Arthur Brooks, der noch zu einer der interessantesten Figuren dieser Staffel wird.

64. Auf der Kippe (Great Xpectations)
R: Bruce Seth Green. B: Nan Hagan.
D: David Dukes (Mr. McPhee), Sasha Alexander (Gretchen), Mark Matkevich (Drue)

Gretchen schleppt Dawson zu einem Rave, wobei auch Pacey und Joey mitkommen. Des Weiteren sind Jen, Jack und Andie dabei. Letztere möchte einmal so richtig ausgelassen feiern und nimmt Ecstasy-Pillen ein, die Jen von Drue erhalten hat.

Wenig später bricht sie zusammen. Als Jack erfährt, warum, reagiert er äußert ungehalten. Im Krankenhaus erwacht Andie wieder und entschuldigt sich bei ihrem Vater und ihrem Bruder. Joey fragt Gretchen, ob sie und Dawson zusammen wären, doch diese verneint.

Die schönste Szene gibt es sicherlich am Schluss, als Dawson und Joey sich miteinander unterhalten und darüber philosophieren, ob das Kind seiner Eltern und Bessies Sohn Alexander eine Art neue Dawson/Joey-Achse bilden werden. Zum ersten Mal seit langer Zeit sind beide wieder wie Freunde.

Für die Befürworter der Joey/Dawson-Beziehung ist darüber hinaus interessant, dass Joey sich außergewöhnlich stark dafür interessiert, ob Dawson mit jemand anderem zusammen ist ...

65. Freunde (You Had Me At Goodbye)
R: John Behring. B: Chris Levinson, Zack Estrin.

D: Harve Presnell (Mr. Brooks), David Dukes (Mr. McPhee), Carolyn Hennesy (Mrs. Valentine), Heather Avery Clyde (Mrs. Watson), Sasha Alexander (Gretchen), Mark Matkevich (Drue)

Die Freunde schneiden Jen wegen dem, was auf dem Rave passiert ist. So zerstritten waren sie alle noch niemals zuvor. Andie versucht, das zu kitten und lockt Jen zu Jack, doch dieser will nach wie vor nichts mit ihr zu tun haben.

Da Andies Abschluss bereits gesichert ist, bietet ihr ihr Vater an, für den Rest des Jahres nach Florenz zu gehen. Sie entscheidet sich schließlich dazu und schafft es, all ihre Freunde ins Fresh Fish zu lotsen.

Dort hält sie eine flammende Rede, auf dass diese ihre Differenzen überwinden und wieder zu den Freunden werden mögen, die sie immer waren. Und zu einem guten Teil gelingt dies sogar.

Abschiednehmen, heißt es nun. Meredith Monroe hat die Serie mit dieser Folge verlassen, was vor allem daran lag, dass die Autoren mit ihrer Figur am Ende angelangt waren. Darum entschloss man sich, sie aus der Serie zu schreiben. Hier sieht man auch das letzte Mal David Dukes, der im Oktober 2000 überraschend an einem Herzinfarkt verstorben und nur 55 Jahre alt geworden ist.

„Freunde" ist das bestimmende Thema dieser emotional packenden Episode, die zu den Highlights dieser Staffel gehört. Das wiederum verwundert nicht, ist es doch besonders der Verlust beliebter Figuren, der auf das Publikum emotional wirkt.

66. Karma (The Unusal Suspects)

R: James Whitmore Jr. B: Jonathan Kasdan.
D: Dylan Neal (Doug Witter), Harry Shearer (Direktor Peskin), Harve Presnell (Mr. Brooks) Carolyn Hennesy (Mrs. Valentine), Sasha Alexander (Gretchen), Mark Matkevich (Drue)

Der Streich der Abschlussklasse 2001 ist gelungen: Das Boot des Direktors befindet sich im Schwimmbad der Schule. Hauptverdächtige sind Dawson, Pacey und Jack. Alle drei werden vom Direktor und Mitch verhört, doch können sie jedweden Verdacht auf Drue lenken, der für zwei Wochen suspendiert wird.

Als Joe später mit den Dreien spricht, wird jedoch klar, dass sie es waren und gleichzeitig Drue einen Denkzettel verpasst haben. Außerdem findet Dawson heraus, dass A.I. Brooks früher Regisseur in Hollywood war.

„Karma" ist vor allem eines: witzig. Und das liegt auch an der Aufbereitung der Episode, die in Rückblicken erzählt wird. Dabei wird jeder der drei verhört und erzählt seinen Teil der Geschichte. Was die drei zu ungewöhnlichen Verdächtigen macht, ist die Tatsache, dass Dawson und Pacey hier perfekt zusammengearbeitet haben. Sie mögen nicht mehr beste Freunde sein, aber sie haben sich ihres Schwurs von vor einigen Jahren erinnert und diesen mit dem Streich geehrt. Ein wenig erinnert diese Folge darum auch an die guten alten Zeiten, als die zwei noch durch Dick und Dünn gegangen sind.

67. Null Bock auf Rettung (Kiss Kiss Bang Bang)

R: Perry Lang. B: Tom Kapinos.
D: Sasha Alexander (Gretchen Witter), Mark Matkevich (Drue Valentine), Harve Presnell (Mr. Arthur Brooks), Carolyn Hennesy (Mrs. Valentine), Peter Jurasik (Walter Kubelik), Heather Avery Clyde (Ms. Watson)

Joey nimmt an einem Dinner teil, das für die Bewerber des vornehmen Worthington-Colleges abgehalten wird. Pacey kommt mit und unterhält den Initiator Mr. Kubelik hervorragend. Derweil bearbeiten Jack und Grams Jen, weil diese noch immer nicht ihre College-Bewerbungen fertig gemacht hat.

Dawson sieht sich einen Film von Mr. Brooks an und will mit ihm darüber sprechen, bekommt jedoch nichts aus ihm heraus. Am Abend kommt Brooks zur Weihnachtsfeier der Leerys und gibt Dawson ein Buch. Er erklärt ihm, er habe mit den Filmen aufgehört, weil die Hauptdarsteller seines letzten Films sein bester Freund und seine Freundin waren, die sich ineinander verliebt haben.

Das hat ihm das Herz gebrochen. Dawson entscheidet sich, einen Dokumentarfilm über A.I. Brooks' Leben zu machen. Unter dem Mistelzweig küssen er und Gretchen sich.

In „Null Bock auf Rettung" passiert unglaublich viel. Jeder der Protagonisten macht eine Entwicklung durch, wobei Pacey und Joey sich nach einem Streit wieder zusammenraufen.

Das Ende stellt jedoch die Frage, ob das genug ist, denn so, wie beide den Kuss zwischen Gretchen und Dawson beobachten, scheint es hier noch einiges zu geben, das ihnen im Unterbewussten zu schaffen macht. Dass Dawson nach annähernd einem Jahr sein Interesse für den Film wiedererlangt und einen eigenen machen will, ist eine schöne Entwicklung.

Peter Jurasik ist bestens bekannt als Botschafter Londo Mollari aus der herausragenden und epischen Science-Fiction-Serie **Babylon 5**.

68. Frohe Weihnachten (Self Reliance)
R: David Petrarca. B: Gina Fattore.
D: Sasha Alexander (Gretchen Witter), David Monahan (Tobey), Harve Presnell (Mr. Arthur Brooks), David Downs (Mr. Kasdan)

Gretchen und Dawson wollen nicht wahrhaben, dass der Kuss mehr bedeuten könnte. Um sich abzulenken, arbeitet Dawson an der „A.I. Brooks Story", auch wenn es noch Differenzen mit seinem Hauptdarsteller gibt. Später erfährt er, dass Brooks todkrank ist. Jack lernt Toby kennen, einen recht engagierten Schwulen, der Jack mit seiner Angepasstheit aufzieht. Am Ende gesteht

Dawson Gretchen, dass ihm der Kuss sehr viel bedeutet hat.

Dass Arthur Brooks nicht nur Filmemacher ist (und in einem Kaff wie Capeside lebt), sondern auch noch todkrank, strapaziert die Glaubwürdigkeit schon etwas sehr stark.

Immerhin geht das weit über Zufälle hinaus. Wenigstens nimmt dies der grundsätzlichen Geschichte dieser Episode nichts von ihrer Stärke, geht es doch um die sich langsam entwickelnde Freundschaft zwischen Dawson und Mr. Brooks und die Beziehung des jungen Filmemachers zu Gretchen Witter.

69. Dawsons Tao (The Tao of Dawson)

R: Keith Samples. B: Jeffrey Stepakoff.
D: Christian Kane (Nick Taylor), Sasha Alexander (Gretchen Witter), Mark Matkevich (Drue Valentine), Harve Presnell (Mr. Arthur Brooks), Carolyn Hennesy (Mrs. Valentine)

Dawson und Pacey sind nicht länger beste Freunde, doch zumindest unternehmen sie wieder Dinge zusammen. Pacey ist jedoch nicht sicher, ob ihm gefällt, dass Gretchen und Dawson sich so viel bedeuten. Darum preist er seiner Schwester gegenüber ihren Ex-Freund an, der sich jedoch als unzuverlässiger Idiot entpuppt. Gretchen erzählt ihrem Bruder, warum sie nach Capeside zurückgekommen ist. Zwischen Grams und Mr. Brooks funkt es.

So ganz kann man es nicht verstehen, warum es Pacey zuerst so negativ sieht, dass seine Schwester mit Dawson anbandelt. Darum ist auch die ganze nachfolgende Handlung nicht wirklich erbaulich, ist doch auch sofort klar, dass ihr Ex Nick ein Windhund ist. Immerhin wird dieser aber ganz gut dargestellt, wobei Christian Kane sogar als Schurke in **Angel** sympathischer war. Der Witz dieser Episode ergibt sich aus der Nebenhandlung um Joey und Drue, die in einem Keller eingeschlossen sind.

70. Paceys Geburtstag (The Te of Pacey)
R: Harry Winer. B: Maggie Friedman.
D: Sasha Alexander (Gretchen Witter), Dylan Neal (Doug Witter), John Finn (Mr. Witter), Jane Lynch (Mrs. Witter), David Monahan (Tobey), Julia Wright (Kerry Witter)

Paceys 18. Geburtstag steht an, doch die Überraschungsparty seiner Familie ist ein einziges Desaster. Sein Dad ist angetrunken und jeder lässt Anekdoten vom Stapel, die Pacey schlecht aussehen lassen. Zudem sind Gretchen und Dawson da und knutschen wild drauf los.

Als wäre all das noch nicht genug, hat Pacey auch von keinem College eine Zusage bekommen. Es wird ihm zuviel, er sagt jedermann kräftig die Meinung und stürmt raus. Sein Vater sucht ihn und erklärt ihm, dass auch er bei der Polizei nicht sofort angenommen worden ist.

Später wird die Party beendet und alles scheint in bester Ordnung zu sein.

Doch der Schein kann trügen – und das tut er hier ganz gewaltig. Auch wenn das Thema um Paceys Familie mittlerweile ziemlich ausgetreten ist, so ist es doch interessant, es hier noch einmal gezeigt zu bekommen, auch wenn Doug in sein altes Muster zurückfällt und sein Dad erst am Ende freundlicher wird.

Wichtig ist die Schlüsselszene, als sich jeder an Paceys Peinlichkeiten erinnert, aber Gretchen eine Geschichte erzählt, in der er ihr Held ist. Sie ist die einzige in der Familie, die ihn immer respektiert und geschätzt hat.

71. Hoffnungslos (Hopeless)

R: Krishna Rao. B: Nan Hagan.

D: Sasha Alexander (Gretchen Witter), Mark Matkevich (Drue Valentine), David Monahan (Tobey), Harve Presnell (Mr. Arthur Brooks), Carolyn Hennesy (Mrs. Valentine), Sabine Singh (Anna Evans)

Joey bekommt für den Schulausflug von Mrs. Valentine frei, doch muss sie dafür eine Bedingung erfüllen. Sie und Pacey müssen auf ein Doppeldate mit Drue und seiner Freundin Anna gehen, wobei sie aufpassen sollen, dass er sich nicht daneben benimmt.

Der Abend endet in einer Katastrophe, denn Anna interessiert sich mehr für Pacey denn für Drue. Dawson geht mit Gretchen und ein paar ihrer

Freundinnen aus, doch schon in der ersten Bar drückt man ihm einen „Unter 21"-Stempel auf die Hand ...

„Hoffnungslos" ist im Grunde eine Füllergeschichte, die zwar nett anzusehen ist, aber nicht über viel Substanz verfügt. Sie hat sehr viel Humor, was vor allem an den Situationen liegt, in denen die Protagonisten feststecken.

Dabei gibt es auch einen mitunter ernsten Unterton, doch letzten Endes hat man sich hier mal eine Ruhepause gegönnt und einfach auf den Spaßfaktor gesetzt.

72. Ein Wintermärchen (Winter's Tale)
R: Greg Prange. B: Zack Estrin, Chris Levinson.
D: Sasha Alexander (Gretchen Witter), Mark Matkevich (Drue Valentine), Harve Presnell (Mr. Arthur Brooks), Sabine Singh (Anna), Andy Griffith (Mr. Brooks' Freund)

Mr. Brooks liegt im Koma und es liegt an Dawson zu entscheiden, wie lange die Geräte ihn am Leben erhalten sollen. Mr. Brooks' alter Freund, mit dem er sich einst zerstritten hat, sucht ihn auf, nachdem er einen Brief von ihm bekommen hatte.

Er gibt Dawson den Rat, die Antwort in den Filmen zu suchen. Derweil sind Pacey und Joey auf Klassenfahrt und nach langem Hin und Her passiert „es" doch noch.

„Ein Wintermärchen" ist eine traurige Geschichte. Es ist eine Geschichte über den Tod, aber auch über das Leben, und wie man es zelebriert. Dawson feiert das Leben des Mannes, den er nur so kurz kannte, und der am Ende noch einmal aufblühte. Gleichzeitig ist es auch eine Geschichte über Vergebung, hat sich Brooks doch entschlossen, dem Mann, der ihm einst die Frau stahl, die er liebte, zu verzeihen. Dem gegenüber steht Joeys Dilemma, die sich fragen muss, ob sie mit Pacey schlafen will. Dass sie es letztlich tut, ist eine Überraschung, hätte man doch nicht erwartet, dass die Autoren sie ihr erstes Mal mit jemand anderem denn Dawson erleben lassen.

Mr. Brooks' Freund wird von Andy Griffith dargestellt, der Zuschauern überall auf der Welt als **Matlock** bekannt ist.

73. Vier Geschichten (Four Stories)
R: David Petrarca. B: Tom Kapinos.
D: Sasha Alexander (Gretchen Witter), Mark Matkevich (Drue Valentine), Rob Nagle (Dr. Tom Frost), David Downs (Mr. Kasdan), Andrew Masset (Patrick Kelker)

Pacey und Joey verpassen wegen Drue den Bus und müssen alleine zusehen, wie sie nach Hause kommen. Sie reden über die vergangene Nacht und ihre Unsicherheiten. Joey will darüber hinaus nicht, dass Dawson davon erfährt. Jen sucht Dr. Frost, einen Psychologen, auf, um über ihre Probleme zu reden. Dawson löst den Hausstand von Mr. Brooks auf und erfährt, dass er sein einziger Erbe ist. Mr. Brooks hat ihm eine stattliche Summe Geldes hinterlassen. Joey und Dawson treffen sich auf der Straße. Sie sprechen über das Wochenende und sie lügt ihn an, als er fragt, ob sie mit Pacey geschlafen hat.

„Vier Geschichten" ist ein interessantes Experiment, da diese Folge tatsächlich in vier Geschichten aufgeteilt ist. Jede funktioniert wie eine Mini-Episode von **Dawson's Creek** mit einer eigenen Hauptfigur und einer eigenen Auflösung.

Die einzelnen Titel der vier Geschichten lauten: „About Last Night", „The Big Picture", „Excess Baggage" und „Seems Like Old Times".

74. Lügen (Mind Games)
R: David Straiton. B: Gina Fattore.
D: Sasha Alexander (Gretchen Witter), Mark Matkevich (Drue Valentine), Rob Nagle (Dr. Tom Frost), Melissa Ponzio (Robin)

Dawson arrangiert alles für eine perfekte Nacht mit Gretchen, doch diese Nacht verläuft gänzlich anders als er erwartet hätte. Dabei findet Gretchen heraus, dass Joey Dawson angelogen hat, weswegen nun auch sie gezwungen ist, ihren Freund zu belügen. Jen hält eine Überraschung für Jack bereit, doch wird diese ihm auch gefallen?

Nach langer Zeit erhält Jen endlich mal wieder eine Geschichte, die auch für ihre Figur passt. Dass sie einen Psychologen aufsucht, hat ihr anfangs nicht geschmeckt, doch hat sie erkannt, dass er ihr helfen kann, ihre Probleme zu überwinden. Schade ist dabei, dass dieser Handlungsstrang nicht allzu lange fortdauert, aber solange es ihn gibt, gehört er interessanterweise zu den Highlights der Episoden.

75. Ein Traum wird wahr (Admisssions)
R: Lev L. Spiro. B: Barb Siebertz
D: Sasha Alexander (Gretchen Witter), Mark Matkevich (Drue Valentine), Obi Ndefo (Bodie,) Rob Nagle (Dr. Tom Frost), Heather Avery Clyde (Ms. Watson)

Joey erhält gute Nachrichten. Das Worthington-College hat sie angenommen, doch bekommt sie kein volles Stipendium. Damit scheinen alle Träume geplatzt, da sie sich die Studiengebühren nicht leisten kann. Doch Dawson ist der Retter in der Not.

Er will ihr das Geld dafür schenken, macht aber schließlich ein Darlehen daraus, da Joey diese Geste sonst niemals annehmen würde. Jack und Jen können ihr College frei wählen, weswegen Jack gerne nach New York gehen würde.

Doch Jen ist sich unsicher – und in einer neuerlichen Sitzung bei Dr. Frost muss sie sich ihrer Vergangenheit stellen.

Dawsons großzügiges Angebot vergrößert natürlich noch Joeys Schuldgefühle, weil sie ihn angelogen hat. Das sorgt für zusätzliches Drama in dieser durch und durch schönen Folge, die eher mit leisen Momenten aufwarten kann.

76. New York City (Eastern Standard Time)

R: David Grossman. B: Jonathan Kasdan.
D: Sasha Alexander (Gretchen Witter), Dylan Neal (Doug Witter), Mark Matkevich (Drue Valentine), Don McManus (Theo Lindley), Rob Nagle (Dr. Tom Frost), Pat Hingle (Irv)

Jen bittet Joey, sie zu einer College-Besichtigung in New York zu begleiten. Tatsächlich geht es jedoch nicht um ein College. Jen braucht moralische Unterstützung, da sie ihren Vater trifft. Und das zum ersten Mal, seitdem sie nach Capeside gekommen ist.

Sie enthüllt, dass sie damals ihren Vater mit einer anderen Frau im Bett gesehen hat. Dawson und Gretchen wollen etwas spontaner werden und unternehmen einen Road Trip, der jedoch mit einem platten Reifen jäh endet.

Pacey und Drue hängen in einer Bar rum, woraufhin sich Pacey fragen muss, wie seine Zukunft wohl aussehen wird.

Nun lernt man also auch Theo Lindley kennen, wobei das gemeinsame Essen genauso verläuft, wie man es erwartet. Immerhin hat man es hier mit einer der dysfunktionalen Familien von **Dawson's Creek** zu tun. Die Enthüllung, dass Jens Vater ihre Mutter betrogen hat, kommt ziemlich unverblümt und passt in diesem Moment auch nicht so richtig.

Bei dieser Folge herrscht aber auch Aufbruchstimmung, da alle Protagonisten ihr Leben verändern oder verbessern wollen. Immerhin endet für alle Absolventen der High School bald ein Lebensabschnitt und ein neuer beginnt.

77. Nachwuchs (Late)

R: David Petrarca. B: Jeffrey Stepakoff.
D: Sasha Alexander (Gretchen Witter), David Monahan (Toby), Deron Barnett (Will)

Gail gibt eine Babyparty, die ein bisschen jäh endet, als die Geburt nach vielen Fehlalarmen nun doch gleich stattfindet. Joey ist verstört, da ihre Regel ausgeblieben ist und sie fürchtet, schwanger zu sein.

Und ausgerechnet in dieser Situation ist Pacey nirgendwo zu finden. Gretchen überlegt, ob sie einen Job in einer anderen Stadt annehmen soll.

Derweil muss Jack damit zurechtkommen, dass sein Freund Toby angegriffen worden ist.

Nun ist es also soweit: Dawsons kleines Schwesterchen kommt auf die Welt. Interessanter als das ist aber der Plot um Joey, bei dem es Autor Jeffrey Stepakoff gelingt, deutlich größere Realitätsnähe zu erreichen, als das etwa in den letzten Folgen der Fall war. Sehr aufrichtig wird hier gezeigt, was ein junges Mädchen in den Tagen durchmacht, in denen diese Ungewissheit sie plagt und sie sich fragen muss, ob all ihre Zukunftspläne plötzlich nichts mehr gelten.

78. Meilensteine (Promicide)
R: Jason Moore. B: Maggie Friedman.
D: Sasha Alexander (Gretchen Witter), Mark Matkevich (Drue Valentine), David Monahan (Tobey)

Die Senior-Prom steht an, doch ein freudiges Ereignis ist dies wahrlich nicht. Gretchen erhält schlechte Nachrichten, die schließlich dazu führen, dass sie mit Dawson Schluss macht.

Nicht sehr viel besser ergeht es Joey, die bemerkt hat, dass Pacey sich immer mehr von ihr zurückzieht. Ausgerechnet auf der Prom macht er ihr eine Szene und dann schließlich mit ihr Schluss. Jen, die mit ihrem Date alles andere als glücklich ist, entscheidet sich, ihre Sorgen zu ertränken.

Zum Ende der Staffel hin muss das Gefüge, der Status Quo, natürlich wieder kräftig durchgerüttelt werden. Dass das besonders für Dawson und Gretchen gilt, ist klar, denn eines war bisher immer zu beobachten: die regelmäßig wiederkehrenden Gaststars einer Staffel tauchen in der nächsten nicht noch einmal auf.

Zudem wollte man Dawson wohl auch ungebunden in ein neues Jahr starten lassen, sodass die Trennung einfach sein muss. Ganz anders verhält es sich hingegen mit der Trennung von Joey und Pacey, die etwas erzwungen wirkt. Immerhin ist es nicht wirklich nachvollziehbar, warum eine Beziehung zerbrechen sollte, nur weil Pacey nicht wie Joey studiert. Allem Trennungsschmerz zum Trotz sind einige der Szenen, in denen Dawson und Joey gemeinsam agieren, sehr schön geworden.

79. Getrennte Wege (Separation Anxiety)
R: Krishna Rao. B: Rina Mimoun. D: Sasha Alexander (Gretchen Witter), Mark Matkevich (Drue Valentine), Peter Jurasik (Walter), Lucas Waterworth (Brad)

Das Schuljahr geht zu Ende und somit auch ein Lebensabschnitt. Dawson und Joey haben beide an ihren plötzlich beendeten Beziehungen zu knabbern. Er denkt sogar darüber nach, alles stehen und liegen zu lassen, um mit Gretchen mitzugehen – und das bietet er ihr auch an.

Mr. Kubelik von Worthington lädt Joey und Pacey auf eine Party ein, weswegen sich beide Hoffnungen machen, dass Pacey vielleicht doch noch von einem College aufgenommen wird. Doch diese ist vergebens, denn Kubeliks Angebot ist ein gänzlich anderes. Er lädt Pacey zu einem mehrmonatigen Segelturn als Maat ein.

Am Ende dieser Staffel herrscht vor allem ein Gefühl des Abschieds, aber auch des Aufbruchs vor. Das Leben aller Protagonisten ist im Begriff, sich gravierend zu ändern und Freundschaften können oder müssen darüber sogar zerbrechen, da es den Anschein hat, dass es sie alle in verschiedene Richtungen treibt, sodass sie einander einfach nicht mehr sehen werden.

Nach dieser Staffel wird die Serie niemals wieder so sein wie zuvor. Der Werbespruch, mit dem die Serie damals angepriesen wurde, passt nun besser denn je: „Es war das Ende von etwas Einfachem. Und der Beginn von allem Anderen."

80. Endlich geschafft (The Graduate)
R: Harry Winer. B: Alan Cross.
D: Meredith Monroe (Andie McPhee), Dylan Neal (Doug Witter), Mark Matkevich (Drue Valentine), David Monahan (Tobey), Harry Shearer (Direktor Peskin), David Downs (Mr. Kasdan)

Die Schüler graduieren und Joey soll die Abschlussrede halten, doch fehlt ihr dazu die rechte Inspiration, bis Dawson ihr dabei hilft. Pacey fragt sich, ob er überhaupt graduieren wird, da die letzte Prüfung noch aussteht und besonders schwierig ist.

Andie kommt nach Capeside zurück, um an der Zeremonie teilzunehmen. Pacey erzählt ihr schließlich, dass er sich entschieden hat, den von Kubelik angebotenen Job anzunehmen.

Zum Ende hin wird der Abschied bittersüß. Bei diesen Folgen hat man beinahe das Gefühl, es handele sich um das Ende der Serie und nicht nur einer Staffel. Im Grunde ist das auch so, ist das fünfte Jahr doch auch so etwas wie ein Neuanfang. Sehr schön ist, dass die Produzenten Meredith Monroe für einen Gastauftritt zurückgebracht haben.

Man hat sie in den letzten Folgen durchaus vermisst. Darum ist es umso bedauerlicher, dass es in den zwei nachfolgenden Jahren nicht wenigstens ein paar Gastauftritte von ihr gegeben hat.

81. Der letzte Abend (Coda)
R: Greg Prange. B: Gina Fattore, Tom Kapinos.

Dawson muss viel früher als die anderen aufbrechen, da er vorzeitig für die USC angenommen worden ist. Seinen letzten Abend möchte er mit seinen Freunden verbringen, was Mitch kränkt, da er geplant hatte, den letzten Abend mit seinem Sohn im Kreis der Familie zu verbringen.

Jen, die mit Jack und Grams nach Boston zieht, verabschiedet sich auf ihre eigene Weise – auch und gerade von dem Haus, in dem sie vier Jahre lang gelebt hat. Joey verabschiedet sich von Dawson.

Und es stellt sich die Frage: Werden Dawson und Joey sich jemals wiedersehen? Immerhin befinden sie sich an unterschiedlichen Enden des Landes, sodass eine Beziehung dieser Seelenverwandten alles andere als leicht werden wird.

„Der letzte Abend" ist ein gelungener Abschluss, ein wehmütiger Abschluss und ein Abschied von einer

Serie, die über vier Jahre hinweg an sich selbst gewachsen ist. So wie für ihre Protagonisten ist es nun auch für sie Zeit, einen neuen Lebensabschnitt zu beginnen.

Es ist allen Beteiligten hoch anzurechnen, dass diese Folge derartig gut gelungen ist. Immerhin fühlt es sich fast so an, als würde man sich für immer von **Dawson's Creek** verabschieden.

Season 5

82. Boston (The Bostonians)

R: Greg Prange. B: Tom Kapinos. G: Chad Michael Murray (Charlie Todd), Ken Marino (Professor David Wilder), Busy Philipps (Audrey Lidell), Hal Ozsan (Todd), Nicole Bilderback (Heather), Alan Fudge (Officer Langer), Rand Courtney (Farley), Brianne Davis (Ashley).

Joey ist an der Worthington Universität und studiert dort Literatur. Dawson ist derweil an der USC und bekommt ein Praktikum bei einem Film.

Es gelingt ihm aber, mit Todd, dem Regisseur, einen Streit vom Zaun zu brechen, woraufhin dieser ihn feuert. Joey glaubt nicht, dass es für sie und Dawson derzeit eine Zukunft geben kann. Sie spricht ihm auf den Anrufbeantworter, dass Schluss ist. Doch just an diesem Tag steht Dawson vor ihrer Tür.

Außerdem lernt sie ihre neue, flippige Zimmergenossin Audrey kennen. Und Pacey legt mit der Yacht im Hafen von Boston an.

„Boston" ist wie ein neuer Pilotfilm für die Serie, da sich unheimlich viel verändert hat. Zum einen sind einige der Schauspieler aus dem festen Stamm verschwunden, doch dies trifft eigentlich nur die „älteren Semester" wie Dawsons Eltern oder Joeys Schwester, da man sich nun nicht mehr in Capeside befindet.

Zum anderen sind die Freunde nun in alle Himmelsrichtungen verstreut, womit die Serie dem echten Leben nacheifert. Immerhin wäre es mehr als unglaubwürdig gewesen, wenn sich die gesamte Clique an einem einzigen College eingefunden hätte.

83. Schlechtes Timing (Lost Weekend)

R: David Petrarca. B: Gina Fattore. G: Busy Philipps (Audrey Lidell), Chad Michael Murray (Charlie Todd), Ken Marino (Professor David Wilder), Dylan Neal (Doug Witter), Lourdes Benedicto (Karen), Ian Khan (Danny Brecher), Jennifer Morrison (Melanie Thompson), Ann Morgan (Megan).

Dawson hört seinen Anrufbeantworter ab. Und natürlich sorgt dies für einige Komplikationen für das junge Glück. Derweil entscheidet Joey sich, den Literaturkurs abzusetzen, doch letzten Endes kann ihr Professor Wilder klarmachen, dass dies ein Fehler wäre.

Als Dawson zurück nach L.A. fliegen will, sprechen er und Joey ein letztes Mal. Dawson entscheidet sich, in Boston zu bleiben. Jen geht auf die amourösen Angebote des Musikers Charlie ein. Doug besorgt Pacey einen Job als Koch.

Es wirkt leichtfertig, dass man schon jetzt für Dawson die Entscheidung trifft, dass er in Boston bleiben soll. Doch so leicht haben es sich die Autoren nicht gemacht, denn mit dieser Entscheidung gehen schwere Konsequenzen einher. Und leichter wird das Leben des jungen Mr. Leery dadurch auch nicht im Mindesten.

Die größte Frage, die diese Staffel natürlich aufwirft, ist die, was Pacey mit seinem Leben macht, ist er doch der einzige, der nicht studiert. Hier wird auch sein weiteres Leben auf den Weg gebracht.

Lourdes Benedicto, mit der Pacey sehr schnell aneinander gerät, war vor kurzem erst in der zweiten Staffel von **24** in einer wiederkehrenden Rolle zu sehen.

84. Am Wendepunkt (Capeside Revisited)

R: Michael Lange. B: Jeffrey Stepakoff. G: Busy Philipps (Audrey Lidell), Chad Michael Murray (Charlie Todd), John Wesley Shipp (Mitch Leery), Lourdes Benedicto (Karen), Ian Kahn (Danny Brecher), Mary-Margaret Humes (Gail Leery), John Driscoll (Blossom), Chris Blackwelder (Pete Willard).

Dawson kehrt nach Hause zurück, um seinen Eltern seine Entscheidung mitzuteilen. Mitch redet seinem Sohn ins Gewissen, da er dessen Entscheidung für einen Fehler hält, doch Dawsons Entscheidung ist endgültig. Jack wird in eine Studentenverbindung aufgenommen, aber er weiß nicht, ob er auch annehmen soll, sieht man ihn doch als den Quotenschwulen.

Als Mitch am Abend noch Erledigungen macht und nach Hause fährt, fällt ihm im Wagen sein Eis runter. Anstatt stehen zu bleiben, bückt er sich nach vorne – und rast direkt in einen entgegenkommenden Lastwagen.

Der essenzielle Moment dieser Folge ist das Finale mit Mitch. Hier gibt es noch ein Aufblitzen der Hoffnung, denn das Ende verrät nicht, ob Mitch diesen Unfall überstanden hat, oder nicht.

John Wesley Shipp und Mary-Margaret Humes werden in dieser Folge als Special Guest Stars angekündigt.

85. Trauer um Mitch (The Long Goodbye)
R: Robert Duncan McNeill. B: Tom Kapinos. G: John Wesley Shipp (Mitch Leery), Nina Repeta (Bessie), Busy Philipps (Audrey Lidell), Mary-Margaret Humes (Gail Leery), Jodi Thelan (Susan), Terrence Currier (Mr. Brennan).

Dawson muss sich um die Vorbereitungen für Mitchs Beerdigung kümmern. Er versucht stark zu sein, während seine Mutter ihrer Trauer freien Lauf lässt und bedauert, dass ihre Tochter Lily ihren Vater niemals kennen lernen wird. Jeder versucht, Dawson zu helfen, doch dieser gibt sich selbst die Schuld für Mitchs Tod.

Als er später Mitchs Stimme auf dem Anrufbeantworter hört, gibt auch er seiner Trauer nach. Am nächsten Tag holt er Milch und der Ladenbesitzer, der Mitch als letztes gesehen hat, erzählt Dawson, dass dieser ihm sagte, wie unheimlich stolz er auf seinen Sohn war.

„Trauer um Mitch" ist eine sehr wehmütige Episode, bei der es schwer fällt, sowohl vom sympathischen Mitch als auch dessen Alter Ego John Wesley Shipp Abschied zu nehmen. Dabei hat Shipp hier einige der besten Szenen der ganzen Serie bekommen, erinnern sich doch alle Hauptfiguren – darunter auch Joey und Pacey – an Momente mit Dawsons Vater, die sie niemals wieder vergessen werden.

Selten wurde der Tod eines Seriencharakters derart intensiv dargestellt, wobei hier das Augenmerk auf die Menschen um ihn herum gelegt wird, die mit ihrem Leben weitermachen müssen. Zudem geht es hier nicht nur um die Trauer und deren Überwindung, sondern auch um das Abschiednehmen und eine letzte Zelebrierung des Lebens eines Mannes, der so viele Menschen um sich herum positiv beeinflusst hat.

86. Mein bester Freund (Use Your Disillusion)
R: Perry Lang. B: Rina Mimoun. G: Busy Philipps (Audrey Lidell), Chad Michael Murray (Charlie Todd), Ken Marino (Professor David Wilder), Lourdes Benedicto (Karen Torres), David Monahan (Tobey), Ian Kahn (Danny Brecher), Mary-Margaret Humes (Gail Leery), Jonathan Parks Jordan (Moskowitz), Bourke Floyd (Brady), Melissa Claire Egan (Ilyse Todd), Janie Brookshire (Carla), Pam Hurley (Emily Brecher).

Gail überzeugt Dawson, dass er Joey besuchen sollte, um sich abzulenken. Joey und er besuchen schließlich eine Party von Professor Wilder, doch Dawson hat eine Panikattacke. Jen erwischt ihren Freund mit einer anderen Frau. Und Jack bricht seinem Freund Toby das Herz, um vor seinen neuen Freunden cool zu wirken.

Pacey findet heraus, dass sein Boss Danny seine Frau betrügt – und ausgerechnet er muss als Alibi herhalten.

Die Handlungsebene um Jen ist nicht wirklich überraschend, wirkt der von Chad Michael Murray dargestellte Charlie doch wie ein echter Windhund. Nichtsdestotrotz wird er noch die gesamte Staffel hindurch mit von der Partie sein.

Weit interessanter ist natürlich Dawsons Geschichte, hat dieser doch noch immer mit den Nachwirkungen des Todes seines Vaters zu kämpfen. Diese Folge zeigt auch, wie stark ein solches Erlebnis einen jungen Menschen aus der Bahn werfen kann.

87. Angst (High Anxiety)
R: Jason Moore. B: Allison Robinson, Joshua Krist. G: Busy Philipps (Audrey Lidell), Lourdes Benedicto (Karen Torres), Chad Michael Murray (Charlie Todd), Ian Kahn (Danny Brecher), Andrea Pearson (Nora), Brenda Strong (Kay Lidell), Jonathan Parks Jordan (Moskowitz), Bourke Floyd (Brady).

Dawson kommt nach Boston, um einen Psychologen wegen seiner Panikattacken aufzusuchen. Doch er kneift und trifft sich lieber mit Jack. Zusammen mit seinen Verbindungsbrüdern machen sie einen drauf. Gut betrunken trudeln sie später bei Paceys Bootparty ein. Dort trifft Joey auf Dawson, der im Suff mal wieder Dinge sagt, die er später bereuen wird. Audrey hat ganz andere Probleme, denn ihre nervige Mutter ist zu Besuch. Pacey findet heraus, dass Karen die Frau ist, mit der Danny eine Affäre hat. Jen revanchiert sich bei Charlie.

Immer dann, wenn Alkohol im Spiel ist, borden die Gefühle über, denn die Hemmungen lösende Droge sorgt für so manch Ausbruch. So auch hier, wobei Dawson sich zum echten Idioten macht, auch wenn man verstehen kann, warum er sich betrinkt.

Es ist sicherlich alles andere als richtig, aber es ist nachvollziehbar, dass er auf diese Art seine Probleme für ein paar Stunden vergessen wollte.

Das Essen mit Audrey, ihrer Mutter und Joey erinnert an ein ähnliches Essen, bei dem Joey die Familie Lindley erleben durfte.

88. Text, Lügen und Video (Text, Lies and Videotape)

R: Marita Grabiak. B: Karin Lewicki. G: Mary-Margaret Humes (Gail Leery), Ken Marino (Professor David Wilder), Busy Philipps (Audrey Lidell), Lourdes Benedicto (Karen Torres), Ian Kahn (Danny Brecher), Pauley Perrette (Dr. Rachel Weir), Gwendolyn Whiteside (Cassandra), Pam Hurley (Emily Brecher), Gavin Gregory (Mike), Jason B. Horgan (Alan), Corie Berkemeyer (Whitney), Robert Longstreet (Mr. Brenzy).

Jen hilft Dawson, den Psychologen aufzusuchen, vor dem er in der Woche zuvor noch Reißaus genommen hat. Obwohl er sich unwohl fühlt, erkennt er, dass ihm das Gespräch tatsächlich weiterhilft. Zuhause muss er sich mit Mitchs Testament beschäftigen, in dem Lily noch nicht erwähnt ist. Joey arbeitet an einem Projekt, bei dem alte Liebesbriefe eines obskuren Autors untersucht werden. Sie wird auf etwas aufmerksam, das bis jetzt jedem entgangen ist.

Der Titel dieser Folge spielt natürlich auf Steven Soderberghs Erfolgsfilm **Sex, Lügen und Video** an, womit die Serie alten Traditionen frönt und sich titeltechnisch an Filmen orientiert, obschon diesmal tatsächlich ein echter Bezug zur Handlung existiert.

Die wiederum ist hier sehr schön gegliedert, laufen die einzelnen Geschichten doch im Endeffekt parallel nebeneinander ab.

89. Hotel New Hampshire (Hotel New Hampshire)

R: Lev. L. Spiro. B: Diego Gutierrez. G: Busy Philipps (Audrey Lidell), Lourdes Benedicto (Karen Torres), Ian Kahn (Danny Brecher), Jordan Bridges (Oliver Chirchick), Pauley Perrette (Dr. Rachel Weir), Andrea Pearson (Nora), Ryan Bittle (Eric), Katie Kneeland (Tina), Willie Talbott (Trevor).

Dawsons Therapeut rät ihm, nach New Hampshire zu gehen, wo sein Film geehrt werden soll, und eine Freundin mitzunehmen. Er nimmt den Rat an und fährt mit Jen nach New Hampshire. Dort nehmen sie sich eine große Suite und nach der Preisverleihung, bei der Dawson seinem Vater gedenkt, der den Film eingereicht hat, sind Jen und Dawson auf ihrem Zimmer. Eines führt zum anderen und beide schlafen miteinander. Derweil lädt Jack Audrey und Joey zu einer Verbindungsparty ein, doch die Mädchen sind eigentlich nur dazu da, damit sich die Brüder an sie ranmachen können.

Nach fünf Jahren ist es endlich soweit: Dawson Leery verliert seine Unschuld. Viele Zuschauer waren erstaunt, manche auch enttäuscht, dass es Jen und nicht Joey war, mit der Dawson sein erstes Mal erlebt hat.

Im Grunde ist das aber natürlich mehr als nur passend, war die blonde Femme Fatale doch seine erste Liebe. Zudem passt es dazu, dass Joey ebenfalls mit jemand anderem ihr erstes Mal erlebt hat. Besonders in Hinblick auf die weitere Entwicklung zwischen den beiden und das Finale der Serie ist diese Folge auch richtungsweisend.

Jordan Bridges ist der Sohn von Beau Bridges. Lloyd Bridges ist sein Großvater und Jeff Bridges sein Onkel.

90. Unheimliche Geschichten (Four Scary Stories)
R: Krishna Rao. B: Jed Seidel. G: Busy Philipps (Audrey Lidell), Benedicto (Karen Torres), Jonah Blechman (Tad), Jonathan Parks Jordan (Moskowitz), Steve Coulter (Hopper), Bourke Floyd (Brady), Richard Fuller (Vic).

Nach einem Horrorfilm erzählen sich Joey, Jack und Pacey ihre grausigsten Erlebnisse. Joey wurde in der Bibliothek angegriffen, Jack traf auf einen Geist und Pacey wurde von einem Autor verfolgt, hinter dessen Steuer kein Fahrer saß. Doch die gruseligste Story von allen hat Grams auf Lager: Sie erzählt von der Nacht, als Jen sich aus der Radiostation, in der sie arbeitet, ausgesperrt hat.

Ursprünglich sollte die Geschichte so ablaufen, dass Jen in ihrer Radioshow Anrufern die Möglichkeit gibt, ihre gruseligsten Geschichten zu erzählen. Dies wurde aber wohl geändert, da die Folge nicht wie geplant zu Halloween, sondern erst im Dezember ausgestrahlt worden ist. Dies war nötig geworden, da sich durch die Terroranschläge des 11.9. der Staffelauftakt vieler Serien um eine Woche verschoben hat.

Insgesamt betrachtet ist die Folge ziemlich überflüssig, trägt sie doch nichts zur Haupthandlung beitragen und beinhaltet noch dazu ein übernatürliches Element, das eher für unfreiwilligen Humor sorgt.

Bemerkenswert ist, dass dies die erste Folge ist, in der Dawson nicht auftaucht. Dieses Phänomen wird es bis zum Ende der Staffel noch mehrmals geben, sodass man mit Fug und Recht behaupten kann, dass die eigentliche Hauptfigur der Serie nun Joey ist.

91. Ein Drama zum Dessert (Appetite for Destruction)
R: Harry Winer. B: Anna Frickle. G: Chad Michael Murray (Charlie Todd), Busy Philipps (Audrey Lidell).

Pacey bietet an, zu kochen. Die Freunde wollen ein wöchentliches Essen veranstalten, was natürlich nie hinhauen wird. Und auch dieses Essen schrammt nur haarscharf am Desaster vorbei, denn allen wird klar, dass

Dawson und Jen nun ein Paar sind. Joey gibt vor, dass sie damit kein Problem hat, doch später beichtet sie Pacey, was sie wirklich fühlt. Charlie taucht auch auf: Er möchte Jen zurückerobern, hat jedoch kein Glück.

Es ist lange her, dass man alle Freunde an einem Ort gesehen hat. Und man muss unumwunden zugeben, dass dies ein wichtiges Element von **Dawson's Creek** ist, das in der fünften Staffel bis dato schwer vernachlässigt worden ist.

Das Leben geht weiter und neue Erfahrungen und Umgebungen bringen es mit sich, dass man sich mal mehr, mal minder aus den Augen verliert, doch dem wird hier ein wenig entgegengewirkt.

92. Die andere Joey (Something Wild)
R: Michael Lange. B: Jeffrey Stepakoff. G: Ken Marino (Professor David Wilder), Busy Philipps (Audrey Lidell), Chad Michael Murray (Charlie Todd), Nina Repeta (Bessie), Ian Kahn (Danny Brecher), Mary-Margaret Humes (Gail Leery).

Audrey überzeugt Joey, in einen Nachtclub zu gehen. Dort spielt Charlie mit seiner Band und versucht, bei Joey zu landen, doch diese lässt ihn abblitzen. Später kann er sie aber dazu bringen, auf die Bühne zu kommen und einen Song vorzutragen. Pacey ist ebenfalls in dem Nachtclub. Er und Audrey kommen sich langsam näher. Dawson und Jen kommen nach Capeside, wo sie ihren ersten Streit haben. Später entscheidet Dawson sich, nach Boston zu gehen und bei Jen einzuziehen.

Highlight dieser Folge ist Katie Holmes' Bühnenauftritt, mit dem sie nicht nur den Saal zum Kochen bringt, sondern auch mal aus Joeys Rolle herausfallen darf. Denn in der Regel ist die junge Frau sehr zurückhaltend. Hier jedoch lässt sie alle Hemmungen fallen.

Und das sorgt für jede Menge unbeschwerten Spaß. Indem Pacey und Audrey zu einem Thema werden, gelingt es darüber hinaus, ihn endlich wieder näher in den Dunstkreis der Gang bzw. von Joey zu bringen.

93. Wer schläft wo? (Sleeping Arrangements)
R: Mel Damski. B: Jed Seidel. G: Ken Marino (Professor David Wilder), Busy Philipps (Audrey Lidell), Ian Kahn (Danny Brecher), Ned Brower (Elliott Sawyer), Jennifer Morrison (Melanie Shea Thompson), Ryan Bittle (Eric), John Driscoll (Blossom).

Dawson und Jen müssen schnell feststellen, dass das Zusammenleben nicht so spaßig ist, wie sie es sich beide vorgestellt haben. Zudem stellt sich Jen bei ihrer Show einer neuen Herausforderung und gibt den Zuschauern Ratschläge, wobei sie sich relativ abfällig über Männer auslässt. Das wiederum verletzt Dawson.

Pacey erhält das Angebot, Maat auf einer Yacht zu werden, die nach Griechenland unterwegs ist. Er schlägt es jedoch aus, da sich sein Leben in Boston gerade sehr gut entwickelt. Jack hat Probleme beim

Einzug ins Verbindungshaus, da der ihm eigentlich zugeteilte Mann Probleme damit hat, mit einem Homosexuellen das Zimmer zu teilen.

Jacks Probleme werden hier etwas arg eindimensional dargestellt. Was den Handlungsstrang ihn betreffend angeht, so bewegt sich tatsächlich alles so, wie man es erwartet hätte. Hier wäre es deutlich besser gewesen, wenn die Autoren einmal einen ungewöhnlicheren Weg gewählt hätten.

Abgesehen davon zeigt diese Folge auch die Problematik der fünften Staffel perfekt auf, denn sowohl Pacey, als auch Dawson und Jen, Joey und natürlich Jack haben hier alle ihre eigenen kleinen Handlungsfäden, die einander kaum berühren.

94. Freunde und Feinde (Something Wilder)
R: David Petrarca. B: Rina Mimoun. G: Ken Marino (Professor David Wilder), Busy Philipps (Audrey Lidell), Jordan Bridges (Oliver Chirchick), Ned Brower (Elliott Sawyer), Ryan Bittle (Eric), John Driscoll (Blossom).

An Dawsons erstem Tag in der neuen Filmschule trifft er wieder auf Oliver, den er bei dem Filmfestival kennen gelernt hatte. Oliver hat ein Drehbuch geschrieben, von dem er will, dass Dawson es inszeniert.

Dawson lehnt erst ab, überlegt es sich dann jedoch anders, wobei beide nun das Drehbuch überarbeiten. Joey trifft sich mit ihrem Professor. Beide küssen sich. Jacks Noten sind unterdurchschnittlich schlecht. Das fällt auf die Verbindung zurück, weswegen ihm die Brüder das Leben schwer machen. Nach einem Drink zuviel kommt es zur Schlägerei.

In dieser Folge kündigt sich schon an, was in den nächsten Episoden im Mittelpunkt stehen wird: ein neuer Film von Dawson Leery. Bedeutsam ist dabei, dass er sich wieder deutlich weiterentwickelt, ist der neue Film doch nicht sein alleiniges Baby.

Dass Joey in ihren Lehrer verknallt ist, erinnert ein wenig an die Pacey/Tamara-Geschichte aus der ersten Staffel und ist von daher nicht besonders originell.

95. Wollen, Können, Sollen (Guerilla Filmmaking)
R: Julia Rask. B: Jonathan Kasdan. G: Ken Marino (Professor David Wilder), Busy Philipps (Audrey Lidell), Chad Michael Murray (Charlie Todd), Jordan Bridges (Oliver Chirchick), Ryan Bittle (Eric), John Driscoll (Blossom).

Dawson inszeniert den Film, hat jedoch jede Menge Probleme. Es stellt sich heraus, dass Oliver, der die Hauptrolle spielt, ein grauenhafter Mime ist. Darum muss umbesetzt werden – und das rasch. Rettung in der Not ist da Charlie.

Derweil hat Audrey eine kleine Krise, da sie Pacey geküsst hat und nun fürchtet, Joey verletzt zu haben. Darum muss diese extra kommen und ihr beteuern, dass alles in Ordnung ist. Joey sucht noch einmal Professor

Wilder auf. Jack verlässt die Verbindung, nachdem Eric behauptet hat, er hätte sich an ihn herangemacht.

Immer, wenn Dawson sich daran macht, einen Film zu drehen, erlebt die Serie einen ihrer Höhepunkte. So auch bei „Wollen, Können, Sollen". Viel Witz gibt es mit Oliver und dessen Schauspielkünsten bzw. seinem Schmollen, als er ersetzt wird. Dass ausgerechnet Charlie der neue Beau ist, überrascht nicht. Tatsächlich weckt dies angenehme Erinnerungen an die zweite Staffel, als der ebenfalls nicht ganz nette Chris Wolfe die Hauptrolle in Dawsons Film abgestaubt hat.

96. Der Überfall (Downtown Crossing)
R: David Petrarca. B: Tom Kapinos. G: Samuel Ball (Räuber), Mercedes McNab (Grace), Stephen Moore, Keith Flippen, Olivia Milo Pence (Sammy).

Als Joey am Automaten Geld abheben will, wird sie überfallen. Der Räuber ist sehr nett, aber bestimmt. Kurz darauf wird er von einem Auto angefahren. Joey ruft die Ambulanz und wird dann ohnmächtig. Als sie im Krankenhaus erwacht, sucht sie den Räuber auf und erkennt, dass dieser sehr viel Ähnlichkeit mit ihrem Vater hat.

Wenig später verstirbt er. Joey trifft auf die Frau und die Tochter des Mannes und entschließt sich, die Gefühle des kleinen Mädchens zu schonen. Sie erzählt ihm, dass ihr Vater vor ein Auto gesprungen ist, um ihr das Leben zu retten.

Katie Holmes ist die einzige reguläre Darstellerin, die in dieser Folge auftaucht. Man sollte meinen, das könnte ein Nachteil sein, doch dem ist beileibe nicht so. „Der Überfall" ist eine wunderschön fotografierte Episode, bei der Joey auch die Gelegenheit gewährt wird, ihre eigene Beziehung zu ihrem Vater zu überdenken.

Trotz des tragischen Endes verfügt sie auch über sehr viel warmherzigen Humor, ist der Räuber doch ein sehr sympathischer Kerl, der einfach irgendwann auf die schiefe Bahn geraten ist.

Mercedes McNab ist als Harmony aus **Buffy** bekannt. Sie spielte auch in der fünften Staffel von **Angel** mit.

97. Ein einsamer Ort (In a Lonely Place)
R: Keith Samples. B: Gina Fattore. G: Ken Marino (Professor David Wilder), Busy Philipps (Audrey Lidell), Drew Wood (Steve), Nick Cornish (Wynn).

Joey und Professor Wilder kreisen weiterhin umeinander. Und erneut kommt es zu einem leidenschaftlichen Kuss zwischen den beiden. Jen interviewt eine Band für ihre Radioshow und muss sich die Frage stellen, ob ihre Beziehung zu Dawson von Leidenschaft geprägt ist. Audrey will sich nicht auf eine Beziehung mit Pacey einlassen, erkennt aber schließlich, dass dies ein schlimmer Fehler wäre.

In gewisser Weise ist jeder Mensch allein. In uns allen gibt es jenen einsamen Ort, den wir zu verlassen suchen, indem wir uns mit anderen Menschen umgeben.

Diese Geschichte hier zeigt sehr schön, dass niemand eine Insel ist. Und auch wenn jeder irgendwann in seinem Leben einmal allein sein oder sich einsam fühlen mag, so gibt es doch immer einen Menschen, dem man etwas bedeutet und der einem etwas bedeutet.

Eine simple Wahrheit, aber eine schöne Wahrheit.

98. Highway to Hell (Highway to Hell)
R: Sandy Bookstaver. B: Anna Fricke. G: Busy Philipps (Audrey Lidell), Chad Michael Murray (Charlie Todd), Mary-Margaret Humes (Gail Leery), Scott Stevens (Nathan).

Charlie lädt Joey ein, mit der Band mitzukommen und zu singen. Sie stimmt zu, doch man braucht Pacey, um überhaupt zu dem Laden zu kommen. Die Fahrt ist wenig erheiternd, da Pacey und Charlie einander hassen. Nur Audrey gelingt es halbwegs, für Ruhe zu sorgen. Auf der Bühne wird Joey lauwarm empfangen, bis Charlie ihr mit einem Duett aushilft.

Dawson, Jen, Jack und Grams fahren nach Capeside: Lilys Geburtstag steht an. Dawson findet heraus, dass seine Mutter einen Freund hat und er muss sich der Möglichkeit stellen, dass er Joey noch immer liebt. Derweil erzählt Jen Jack, dass sie mit Dawson Schluss machen will.

Der Highway zur Hölle taucht hier in zweierlei Form auf. Zum einen direkt als Straße, die Pacey und Charlie beschreiten, zum anderen auf metaphorischer Ebene, befinden sich doch sowohl Dawson, als auch Jen darauf. Und beide müssen unangenehme Entscheidungen treffen.

Manchmal ist die Vorstellung von etwas schöner als das tatsächliche Ereignis. Das haben nun auch Dawson und Jen erkannt, die sich zwar einst geliebt haben und das in der einen oder anderen Weise noch immer tun, die aber gleichzeitig auch kein wirklich gutes Paar sind.

99. Die Premiere (Cigarette Burns)

R: Les Sheldon. B: Tom Kapinos, Jonathan Kasdan. G: Busy Philipps (Audrey Liddell), Chad Michael Murray (Charlie Todd), Jordan Bridges (Oliver Chirchick), Meredith Salenger (Amy Lloyd), Afemo Omilami (Clifton Smalls), Jonathan Kasdan.

Oliver hat ein Screening ihres Films arrangiert, zu dem auch Amy Lloyd, die Kritikerin von „Boston Weekly", kommt. Dawson gelingt es tatsächlich, die Frau zu beleidigen, woraufhin sie hinausstürmt und er sie zurückholen muss. Joey glaubt, in Charlie verliebt zu sein. Sie holt sich Rat bei Jen, die ihr gut zuredet. Denn selbst wenn Charlie ein Idiot ist, könnte er es sein, der sie glücklich macht. Pacey will wissen, mit wie vielen Männern Audrey geschlafen hat. Sie testet ihn, indem sie zuerst 27, später 57 sagt. Pacey liebt sie dennoch und besteht damit den Test. Grams hat einen neuen Freund gefunden: den Farbigen Clifton Smalls.

Das Erstaunlichste an dieser Folge ist Grams. Ihre Wandelung von der ersten Folge der Serie bis jetzt ist die vielleicht stärkste aller Figuren.

War sie seinerzeit noch gegen Bessie und Bodie, weil sie glaubte, dass eine gemischtrassige Beziehung nicht funktionieren kann (auch wenn es dort noch um das Kind ging, das Probleme haben würde), so hat sie nun selbst einen farbigen Freund!

Nachdem Dawson und Jen Schluss gemacht haben, dreht sich das Dawson-Joey-Karussell erneut. In welche Richtung wird es diesmal wohl führen?

100. Lichtjahre entfernt (100 Light Years From Home)
R: David Petrarca. B: Rita Mimoun. G: Busy Philipps (Audrey Lidell), Chad Michael Murray (Charlie Todd), Jordan Bridges (Oliver Chirchick), Tac Fitzgerald (Chris Hartford).

Spring Break ist da und die Gang macht sich auf nach Miami. Dort wird die Beziehung von Pacey und Audrey das erste Mal auf die Probe gestellt, denn ihr alter Freund ist da. Und er ist nach wie vor an Audrey interessiert. Derweil sind Dawson und Oliver auf dem Weg nach New York, doch urplötzlich entscheidet

Dawson sich, dass er zu Joey muss. Er muss ihr seine Liebe gestehen. Gesagt, getan, doch als er in Miami ankommt, muss er feststellen, dass Joey seit Tagen mit Charlie unterwegs ist. Jack geht's auch nicht richtig gut. Seine Noten sind unterirdisch und Toby hat einen neuen Freund.

Für die 100. Episode der Serie wird fast der Status Quo von vor drei Jahren wieder erschaffen, denn abermals schmachtet Dawson nach Joey, aber wiederum hat sie gerade einen anderen Freund.

Manche Zuschauer beschwerten sich hier schon über Ermüdungserscheinungen, was natürlich nicht weiter überrascht, ist das Spielchen zwischen Joey und Dawson doch mittlerweile so oft durchexerziert worden, dass man sich langsam mal eine endgültige Lösung wünscht.

Marion Raven und Marit Larsen sind das norwegische Pop Duo M2M. Hillarie Burtan und Brian McFayden sind auch im wahren Leben MTV VJs.

101. Die große Chance (Separate Ways – Worlds Apart)
R: Robert Duncan McNeill. B: Nicole Ranadive. G: Sherilyn Fenn (Alex Pearls), Busy Philipps (Audrey Lidell), Chad Michael Murray (Charlie Todd), Jordan Bridges (Oliver Chirchick), Jack Plotnick (Andrew Waller).

Charlies Band geht auf Tour und er möchte Joey mitnehmen, doch diese will das College nicht verlassen. Darum entscheidet er sich, bei ihr zu bleiben, doch sie macht Schluss mit ihm, da ihr das alles viel zu schnell geht. Derweil sind Oliver und Dawson auf dem Weg nach New York, um dort einen Agenten zu treffen, doch Oliver versaut das Meeting. Das Civilization, das Restaurant, in dem Pacey arbeitet, ist verkauft worden. Neue Managerin ist Alex Pearls, die Pacey zum Chefkoch befördert und ihm gleich noch einen Kuss verpasst.

Zugegeben, dass der Jungspund Pacey gleich zum Chefkoch befördert wird, ist etwas unglaubwürdig, aber irgendwie passt der Erfolg zu dem Jungen (das zeigt sich auch in der sechsten Staffel, obgleich Pacey dort etwas unsympathisch wirkt).

Hier ist er jedoch ein grundanständiger Kerl, der mit Alex noch so seine Probleme haben wird. Dass Joey so schnell mit ihrem neuen Lover Schluss macht, erscheint auch äußerst überstürzt und fast so, als hätten die Autoren sie unbedingt zum Ende der Staffel noch Single werden lassen müssen.

Gaststar dieser und der nächsten Folgen ist Sherilyn Fenn, die durch die Serie **Twin Peaks** bekannt geworden ist.

102. Im Dunkel der Nacht (After Hours)
R: Mel Damski. B: Jeffrey Stepakoff. G: Sherilyn Fenn (Alex Pearls), Busy Philipps (Audrey Lidell), Meredith Salenger (Amy Lloyd), Ryan Bittle (Eric), John Driscoll (Blossom).

Alex ist heiß auf Pacey und lässt ihn das deutlich spüren. Das führt zu einem Krach mit Audrey, nach dem nicht länger klar ist, ob beide noch eine Zukunft haben. Dawson trifft erneut auf Amy Lloyd und beide landen im Bett.

Jack muss versuchen, seine Noten aufzubessern, weswegen er sogar bereit ist, seine früheren Verbindungsbrüder um Hilfe zu bitten. Doch diese lassen ihn im Regen stehen – bis auf einen.

„Im Dunkel der Nacht" ist eine relativ ruhig vor sich hin plätschernde Episode. Am überraschendsten ist sicherlich noch, dass es ausgerechnet Eric ist, der Jack hilft, war er es doch, der Lügen über ihn verbreitet hat. Ansonsten ist dies eine ordentliche Folge ohne besondere Höhen und Tiefen.

103. Der Himmel stürzt ein (The Abby)

R: Michael Lange. B: Diego Gutierrez, Jonathan Kasdan. G: Ken Marino (Professor David Wilder), Busy Philipps (Audrey Lidell), Nina Repeta (Bessie), Sherilyn Fenn (Alex Pearls), Jordan Bridges (Oliver Chirchick), Jason Little (Trevor), Stephanie Wallace (Marie).

Das Ende des Semesters ist da und Joey und Audrey fahren nach Capeside. Joey möchte ihren Dad besuchen, erfährt jedoch, dass er wegen guter Führung entlassen worden ist. Audrey verbringt etwas Zeit mit Dawson und erkennt, dass er noch tiefe Gefühle für Joey hegt. Im Moment hat er jedoch ein anderes Problem. Sein Agent hat ihn angerufen und gesagt, dass ein Hollywood-Produzent an ihrem Film interessiert ist. Nun muss er die gute Nachricht nur noch Oliver beibringen. Alex feuert fleißig die Angestellten des Civilization, weswegen Pacey beschließt, sie vor ihren Vorgesetzten auflaufen zu lassen. Doch auch er verliert seinen Job.

Ein Staffelfinale naht und Joey ist enttäuscht, dass Dawson ihr nicht seine Gefühle gesteht. Das erinnert an das Finale der ersten Staffel – und nicht von ungefähr. Immerhin kommt auch noch Joeys Vater ins Spiel, wenngleich er hier nicht auftaucht.

Pacey hingegen darf seinen alten Tugenden frönen und einmal mehr den Helden in der Not spielen, wobei die Konsequenzen keine Rolle spielen.

104. Schwanengesang (Swan Song)
R: Greg Prange. B: Tom Kapinos, Gina Fattore. G: Busy Philipps (Audrey Lidell), Nina Repeta (Bessie), Mary-Margaret Humes (Gail Leery), Ryan Bittle (Eric), Afemo Omilami (Clifton Smalls), Ashley Williams (Glory), Hal Ozsan (Todd).

Jen und Jack wollen nach Costa Rica fliegen, doch daraus wird nichts, da Jen entscheidet, dass es Zeit ist, sich mit ihren Eltern auszusprechen. Und Jack hilft Eric, der seinen Eltern gestehen will, dass er schwul ist.

Dawson gesteht Joey seine Liebe, doch diese wendet sich ab. Auch zwischen Pacey und Audrey läuft es nicht gut. Als Dawson am Flughafen ist, kommt Joey und versichert ihm ihre Liebe. Das gleiche tut Pacey, der Audrey aufhalten muss. Sie versöhnen sich und fahren mit dem Auto nach Kalifornien.

Dawson fliegt nach Los Angeles und Joey bleibt zurück, doch als sie das Ticket nach Paris, das sie kaufen musste, um vorgelassen zu werden, zurückgeben will, lächelt sie verschmitzt.

Und Jen sitzt am Ende im Flugzeug neben Todd, der sie anmacht. Ein gelungener Gag, der noch viel mehr vorbereitet, denn Todd ist in der sechsten Staffel mehrmals dabei. Und sein (zumindest im Original vorhandener) australischer Akzent ist immer wieder ein Fest für die Ohren.

„Schwanengesang" ist ein ordentliches Staffelfinale. Nach den Irrungen und Wirrungen dieses verflixten fünften Jahres, in dem vieles neu war, ist die Serie wieder auf dem Weg zu ihren alten Pfründen. Alle Figuren treffen sich, Herzschmerz ist auch dabei und am Ende gibt es einen Abschied mit Happyend. Wirklich fragen musste man sich jedoch, ob Joeys Lächeln bedeuten könnte, dass sie das Ticket doch nutzt oder nicht. Doch das wird erst in der nächsten Staffel enthüllt.

105. Die Party ist aus (The Kids Are Alright)

R: Greg Prange. B: Tom Kapinos. G: Oliver Hudson (Eddie Dooling), Megan Gray (Emma Jones), Roger Howarth (Professor Greg Heston), Jack Osbourne, Ann Lincoln, Sean Dennison, Jeffery West, Melissa Ponzio, Sebastian Spence (Professor Matt Freeman).

Der Sommer ist vorüber. Dawson war in L.A. und hat an einem neuen Film gearbeitet, Pacey erhält eine Empfehlung von Audreys Vater und spricht bei einem Börsenunternehmen vor, Joey war die Ferien über in Capeside und ist nun wieder an der Schule und Jen ist erfreut darüber, dass ihre Eltern sich scheiden lassen. Alle vergessen jedoch Joeys Geburtstag – mit Ausnahme von Dawson. Ein romantischer Abend folgt.

„Die Party ist aus" ist ein sehr angenehmer Staffeleinstieg, wobei vieles wiederum neu ist, was vor allem natürlich auch auf die Gaststars in diesem Jahr zurückzuführen ist.

An erster Stelle steht hier Oliver Hudson, der Sohn von Goldie Hawn und Bruder von Kate Hudson, der in diesem Jahr Joeys Herz erobern wird. Dann ist da noch Professor Greg Heston, der äußerst unorthodox ist. Und zu guter Letzt gibt es noch Professor Matt Freeman, an dem Jack interessiert ist. Das Ende deutet auf das große Ereignis hin, auf das die Fans der Serie bereits seit Jahren warten.

Busy Phillips gehört mit Beginn dieser Folge zu den Hauptdarstellern und wird im Vorspann geführt. Damit ist es ihr als einzigem Gaststar gelungen, in mehr als nur einer Staffel regelmäßig dabei zu sein.

106. Immer das alte Lied (The Song Remains the Same)

G: Robert Duncan McNeill. B: Gina Fattore. G: Oliver Hudson (Eddie Dooling), Jensen Ackles (CJ), Megan Gray (Emma Jones), Hal Ozsan (Todd), Dana Ashbrook (Rich Rinaldi), Zach Hanner, Brian LaFontaine, Chandler McIntyre, Nick Gomez.

Dawson und Joey haben miteinander geschlafen, wollen sich darüber aber gar nicht lange unterhalten, um das Ereignis nicht durch endlose Diskussionen zu sezieren. Stattdessen zeigt Dawson ihr das Set eines Films, an dem er gerade arbeitet. Es ist ein Horrorfilm und eines der Zimmer ist genau seinem Jugendzimmer nachempfunden.

Später kommt es doch noch zum Streit, denn nachdem ein Mädchen Dawson angerufen hat, erklärt er Joey, dass er mit dieser Frau Schluss gemacht hat, nachdem er mit ihr die Nacht verbrachte. Joey ist davon nicht gerade begeistert. Pacey erhält den Job und er und Jack ziehen zusammen mit der flippigen Emma Jones in ein Apartment ein.

Das denkwürdige Ereignis ist nun also geschehen – und alles ist vorüber. Es ist erstaunlich, mit welchem Mut die Autoren hier vorgehen, denn eines ist klar. So wie es hier abläuft, hätte es niemand erwartet. Immerhin sind Dawson und Joey füreinander die einzigen One-Night-Stands, die sie jemals gehabt haben. Und das, obwohl sie sich als Seelenverwandte definieren. Doch das ist das Leben, hält es doch zahlreiche Überraschungen bereit und präsentiert nicht unbedingt immer das, was man erwarten würde. Insofern gelingt es der Serie hier, Film- und Fernsehkonventionen zu brechen.

Das Set, das Dawsons Zimmer ähnelt, erinnert an **Scream 3**, in dem Sydney ebenfalls in einem Filmset ist, das ihrem Jugendzimmer nachempfunden worden ist. Zurück ist Hal Ozsan als Todd, der Regisseur, mit dem Dawson zu Beginn der fünften Staffel aneinander geraten ist. Diesmal verstehen sie einander jedoch weit besser, ist Dawson doch der Produktionsassistent für Todd.

Gaststar Dana Ashbrook, der Paceys Boss Rich spielt, ist aus **Twin Peaks** bekannt. Nach Sherilyn Fenn und Mädchen Amick ist er der dritte Hauptdarsteller dieser Serie, der in mehreren Folgen von **Dawson's Creek** mit dabei ist.

107. Sturzflug (The Importance of Not Being Too Earnest)

R: Joanna Kerns. B: Anna Fricke. G: Oliver Hudson (Eddie Dooling), Megan Gray (Emma Jones), Roger Howarth (Professor Greg Hetson), Sebastian Spence (Professor Matt Freeman), Dana Ashbrook (Rich Rinaldi), Angela Timmerman, Liz Knight, Bobbi Baker.

Joeys schlimmster Albtraum wird wahr, denn eine sehr persönliche Nachricht, die sie an Dawson geschickt hat, gerät versehentlich in den Mail-Verteiler des gesamten Campus, sodass sie tags darauf Gesprächsthema Nummer Eins ist. Und das sogar in Hetsons Unterricht.

Jack versucht, Mr. Freeman näher zu kommen, hat dabei jedoch keinen Erfolg. Pacey konnte einen wichtigen Deal abschließen, doch das Lob hierfür steckt Rich Rinaldi ein.

Und das Leben geht weiter. Natürlich nicht auf die bestmögliche Art und Weise. Für Joey steht eine harte Bewährungsprobe an, bei der ihr Eddie hilft, aber auch das kann den Schmerz, sich wieder von Dawson getrennt zu haben, nicht lindern.

So ganz nachvollziehen kann man es freilich nicht, denn auch wenn es sicherlich nicht die feine Art war, wie Dawson sich für Joey freigemacht hat, so hat er doch die Weichen gestellt, dass sie beide ein gemeinsames Glück haben können.

Was sie einfach weggeworfen hat. Doch in der Welt von **Dawson's Creek** ist eben nie etwas wirklich einfach.

Erstaunlich an dieser Folge ist, dass Dawson nur in einer Szene am Ende kurz vorkommt und dabei noch nicht einmal irgendwelchen Dialog hat.

Auch dies zeigt einmal mehr, dass die Serie irgendwann begonnen hat, sich auf Joey als Hauptfigur zu konzentrieren.

108. Instant Karma! (Instant Karma!)

R: Robert Duncan McNeill. B: Maggie Friedman. G: Oliver Hudson (Eddie Dooling), Jensen Ackles (C.J.), Sebastian Spence (Professor Matt Freeman), Hal Ozsan (Todd), Dana Ashbrook (Rich Rinaldi), Bianca Kajlich (Natasha), Marcus Hester, Andrew McGinnis (Jason), Maya Tai Dorsey, Wayne Roberts (Adam).

Dawsons frühere Freundin Natasha kommt ans Set zurück und lässt ihn feuern – immerhin ist sie der Star. Als sie jedoch Joey kennen lernt, die als Kellnerin des Hell's Kitchen das Essen ans Set bringt, erkennt sie, dass diese Dawson weit mehr weh getan hat als er ihr.

Darum sorgt sie dafür, dass er wieder eingestellt wird. Joey folgt einem Impuls und küsst Eddie. Pacey versetzt Audrey, um mit Rich und den anderen in einen Strip-Club zu gehen. Audrey ist auf einer Party und betrinkt sich. Bevor sie etwas Unbedachtes tun kann, kommt ihr Jens Bekanntschaft C.J. zu Hilfe.

Am interessantesten an dieser Episode ist die wie immer hoch unterhaltsame Interaktion zwischen Todd und Dawson. Davon abgesehen sorgt natürlich die Dawson-Joey-Geschichte für Herzschmerz, wenngleich man immer noch nicht ganz verstehen kann, warum Joey handelte, wie sie es tat. Eine nette Nebenhandlung ist die um Jack und seinen Professor, der doch an ihm interessiert ist.

Wie ein Fisch auf dem Trockenen wirkt dagegen Pacey, dem man den karrierebewussten Yuppie nun so gar nicht abnehmen mag. Darum gerät seine Figur im

Verlauf dieser Staffel auch zur unsympathischsten von allen.

Dawsons Freundin wird von Bianca Kajlich dargestellt, die auch im echten Leben der Star eines Slasher-Films war: **Halloween Resurrection**.

109. Hochstapeleien (The Impostors)

R: Michael Lange. B: Gina Fattore. G: Oliver Hudson (Eddie Dooling), Nicole Bilderback (Heather Tracy), Megan Gray (Emma Jones), Roger Howarth (Professor Greg Hetson), Sebastian Spence (Professor Matt Freeman), Hal Ozsan (Todd), Bianca Kajlich (Natasha), Sam Robinson (A.D.), Maya Tai Dorsey (P.A.), Wendy Fowler, Rebekah Dean.

Heather Tracy wird vom Studio geschickt, um Todd zu sagen, dass Natasha ersetzt werden soll. Unter Umständen wird der ganze Film gestoppt. Nun liegt es an Dawson, ihrer aller Job zu retten. Derweil hat an der Worthington Eddie einen Streit mit Professor Hetson, woraufhin er aus der Klasse stürmt.

Joey erfährt später, dass Eddie gar kein Student der Universität ist, sondern sich in den Kurs eingeschlichen hat. Audrey singt mit Emmas Band im Hell's Kitchen. Pacey ist zu spät, um ihr dabei zuzuhören. Jack hat Probleme mit Freeman, der seine eigenen Unsicherheiten an ihm auslässt.

„Hochstapeleien" ist in vielerlei Hinsicht eine sehr nette Episode, aber am meisten punktet ganz klar der

Handlungsstrang um Dawson und den Film. Immerhin sieht man den jungen Mr. Leery hier in seinem Element und kann miterleben, dass er es zumindest geschafft hat, Teil eines Hollywood-Films zu werden.

Interessant an dieser ganzen Handlungsebene ist, dass sie ohne Interaktion mit den anderen Hauptdarstellern der Serie abläuft. Damit wird ein Phänomen vorweggenommen, das für den Großteil der Staffel gilt: Dawson wie auch seine Freunde leben für sich. Nur höchst selten trifft man einander mal.

Busy Philipps interpretiert „California Dreamin" von den Mammas and the Pappas und Cyndi Laupers "Girls Just Want to Have Fun".

110. Täuschungen (Living Dead Girl)

R: Les Sheldon. B: Tom Kapinos. G: Oliver Hudson (Eddie Dooling), Jensen Ackles (C.J.), Megan Gray (Emma Jones), Roger Howarth (Professor Greg Hetson), Hal Ozsan (Todd Carr), Mika Boorem (Harley Hetson), Greg Rikaart (David), Bianca Kajlich (Natasha), Daniel Valverde, Marcus Hester, Barrett O'Brian, Sam Robinson (A.D.), Camille Canellas, The Murder Dolls (die Band).

Dawson wird das Opfer eines Halloween-Streichs, den Todd und Natasha ausgeheckt haben. Dabei wird auch seine Eifersucht geweckt und am Ende sind er und Natasha wieder ein Paar. Jen ist an C.J. interessiert, doch dieser zeigt wiederum kein echtes Interesse.

Dafür lernt Jack den sympathischen David kennen. Joey muss auf Hetsons Tochter Harley aufpassen und erlebt einen beschwingten Abend, da Eddie ihr hilft. Pacey gesteht Emma, dass er Audrey nicht länger liebt, was diese versehentlich überhört.

„Täuschungen" ist eine passable Episode, jedoch ohne besondere Höhen oder Tiefen. Dass das übernatürliche Element nicht gegeben, sondern vielmehr nur Teil eines Streichs ist, ist leicht abzusehen. Schon lange vor dem Finale weiß der geübte Zuschauer, wie der Hase läuft. Zudem erinnert der Aufbau der Gruselhandlung an den Film **The Ring**, was sicherlich gewollt war.

Ein kleiner In-Joke ist, dass C.J. Jen erzählt, er wolle Halloween damit verbringen, sich **Halloween H20** anzusehen. In dem Film spielt immerhin Michelle Williams mit.

Daniel Valverde, der den Cutter in dieser Episode gibt, spielt sich praktisch selbst, da er diesen Job bei **Dawson's Creek** ausübt.

111. Tiefpunkte (Ego Tripping at the Gates of Hell)
R: Jason Moore. B: Anna Fricke. G: Oliver Hudson (Eddie Dooling), Jensen Ackles (CJ), Megan Gray (Emma Jones), Sebastian Spence (Professor Matt Freeman), Dana Ashbrook (Rich Rinaldi), Greg Rikaart (David), Jaime Bergman (Denise), Nick Gomez, Candice Cabbo, Wendy Fowler, Rebekah Dean, Nicole Brooks.

Audrey betrinkt sich, als sie mit den Hell's Belles im Hell's Kitchen auftreten soll. Darum wird es auch peinlich, macht sich doch vor allen Leuten eine Szene.

C.J. hilft ihr, während ihre Freunde lediglich Moralpredigten für sie parat haben. Joey und Eddie kommen sich näher. Sie entschließen sich, endlich ein offizielles Date zu erleben, nachdem sie schon so lange nur umeinander rumgetänzelt sind.

Pacey fährt mit seinen Kollegen nach New Orleans, wo eine wunderschöne Frau ihn umgarnt. Er ist jedoch alles andere als erfreut, als er erfährt, dass diese Dame dem horizontalen Gewerbe angehört und von Rich für ihn gekauft worden ist.

James van der Beek ist in dieser Episode gar nicht dabei – und das fällt erst nach ihrem Ende auf, wenn man sich fragt, wo er denn geblieben ist. Das zeigt jedoch auch überdeutlich, wie sehr sich die Serie mit der sechsten Staffel verändert hat, wenn die titelgebende Hauptfigur gar nicht mehr mit dabei ist.

Und das wiederum ist nur deswegen möglich, weil Dawsons Geschichte vollkommen losgelöst von der seiner Freunde erzählt wird. Ein merkwürdiges Experiment, das zwar durchaus realistisch anmutet, sind Freunde doch nun mal nicht immer am selben Ort, dramaturgisch jedoch etwas zerfahren wirkt.

112. Backstage (Spiderwebs)
R: Bethany Rooney. B: Gina Fattore. G: Oliver Hudson (Eddie Dooling), Jensen Ackles (CJ), Megan Gray (Emma Jones), Hal Ozsan (Todd Carr), Greg Mikaart (David), Bianca Kajlich (Natasha), No Doubt, Cydnee Welburn,

Kathleen Thompson-Parker, Stuart Ward, Steve DuMouchel, Jim Grimshaw.

Dawson hat Tickets für das No Doubt-Konzert erhalten und sie seinen Freunden geschenkt. Joey geht mit Eddie, doch als sie vor dem Stadion sind, müssen sie feststellen, dass sie die Tickets vergessen haben.

Sie schleichen sich ins Konzert und Eddie stellt Joey seinen Vater vor. Jen hat es arrangiert, dass Audrey und Pacey sich auf dem Konzert treffen. Dabei kommt raus, dass Audrey mit C.J. geschlafen hat. Zwischen Pacey und C.J. kommt es zur Schlägerei, nach der sie alle rausgeworfen werden. Dawson und Natasha hatten auch kein Glück, denn er hat sich geirrt und geht mit ihr freitags anstelle von Samstags hin.

Sie geraten mit der Polizei aneinander, doch alles klärt sich.

Diese Folge ist exemplarisch für die voneinander getrennten Handlungsstränge Dawson und seine Freunde betreffend. Zwar gibt es ein kurzes Treffen, wenn er die Tickets verschenkt, doch davon abgesehen bleiben er und Natasha für sich.

Dabei wäre es ein Leichtes gewesen, die komplette Gang als Ganzes auf das Konzert gehen zu lassen. Dementsprechend hat man sich dafür entschieden, die räumliche wie emotionale Trennung zwischen Dawson und seinen Freunden in dieser Staffel zu forcieren. Ein kühnes, oftmals interessantes, aber nicht immer geglücktes Experiment.

Musikalischer Gaststar dieser Folge ist die Band No Doubt. „Spiderwebs" ist der Titel eines Songs, das auf deren Album „Tragic Kingdom" zu finden ist.

113. Scherben (Everything Put Together Falls Apart)

R: Kerr Smith. B: Maggie Friedman. G: Oliver Hudson (Eddie Dooling), Eddie Cahill (Max Winter), Megan Gray (Emma Jones), Roger Howarth (Professor Greg Hetson), Hal Ozsan (Todd Carr), Dana Ashbrook (Rich Rinaldi), Bianca Kajlich (Natasha), Kelly Heyniger (Candace), Mercedes Lopez (Thelma), Mayte Arguello (Louise).

Ein Star, Max Winter, ist am Set und flirtet heftig mit Natasha, die ihm erzählt, dass sie keinen Freund hat. Dawson will sehen, wie weit sie gehen wird. Pacey nimmt Emma zu einer Büroparty mit, wo diese erfährt, dass die Männer gewettet haben, wer das heißeste Babe im Schlepptau hat. Joey muss für eine wichtige Prüfung lernen, weiß jedoch nicht wo.

Eddie bietet ihr seine Wohnung an. Dort schlafen die beiden schließlich das erste Mal miteinander. Am nächsten Morgen verschläft Joey und verpasst die Prüfung. Sie bittet Hetson um eine zweite Chance, doch dieser lehnt ab. Als er am Abend ins Hell's Kitchen kommt, schlägt Eddie ihn nieder und wird dafür entlassen.

Die Beziehung zwischen Eddie und Joey nimmt nun so richtig Fahrt auf, bewegt sich aber auch gleichzeitig auf den Abgrund zu. Der Titel dieser Folge ist eine unheilschwangere Prophezeiung der Dinge, die noch kommen werden, und nicht nur eine Beschreibung der hier gezeigten Ereignisse.

Im Übrigen erinnert Eddie nicht von ungefähr an Pacey, hat er doch ähnliche Probleme und verhält sich ähnlich ritterlich. Dies wird umso mehr deutlich, da der echte Pacey in dieser Staffel nicht gerade die Sympathie in Person ist. Parallel hierzu bekommt Dawson einen Geschmack davon, wie Liebeleien im Filmgeschäft wirklich ablaufen.

Kerr Smith hat mit dieser Folge sein Regiedebüt gegeben. Er ist der Erste unter den Schauspielern, der eine Folge der Serie inszeniert hat.

114. Das große Essen (Merry Mayhem)

R: David Petrarca. B: Tom Kapinos. G: Oliver Hudson (Eddie Dooling), Nina Repeta (Bessie Potter), Obi Ndefo (Bodie), Mary-Margaret Humes (Gail Leery), Dylan Neal (Doug Witter), Hal Ozsan (Todd Carr), Gareth Williams (Mike Potter), Bianca Kajlich (Natasha), Joshua Hall (Alexander).

Weihnachten ist da. Und alle versammeln sich im Haus der Leerys zu einem gemütlichen Festtagsessen. Natürlich läuft das nicht ohne Schwierigkeiten ab. Doug mag sowohl Paceys neuen Job als auch dessen Geldverschwendung nicht, Mike Potter findet, dass Eddie nicht gut genug für seine Tochter ist und Todd lässt im Vollsuff eine peinliche Rede vom Stapel. Den Vogel schießt jedoch Audrey ab, deren Alkoholproblem außer Kontrolle geraten ist. Sie stößt jeden vor den Kopf, rauscht aus dem Haus, stiehlt Paceys Wagen, verliert die Kontrolle darüber und rast mitten ins Wohnzimmer. Zu allem Überfluss lässt Natasha Dawson stehen, da dieser nicht über sie und Max Winter hinweggekommen ist.

Mit Ausnahme von Jack (der Weihnachten mit seinem Vater und seiner Schwester in Europa verbringt) sind alle festen und die meisten der wiederkehrenden Personen in dieser Folge versammelt. Selbst Bessie und Bodie sind mit von der Partie, obgleich beide kaum zu sehen sind. Insgesamt finden sich im Haus der Leerys 16 Personen ein.

   „Das große Essen" ist aber all der Tragik, die hier aufgefahren wird, zum Trotz eine sehr schöne Folge, da nach vielen Episoden, in denen die Freunde voneinander getrennt waren, endlich einmal wieder alle an einem Ort versammelt werden. Es ist eine Episode wie diese, die deutlich macht, was die Serie in ihrem sechsten Jahr durch ihre Experimentierfreude verloren hat: jene Wärme und Herzlichkeit, die die Freunde immer ausgezeichnet hat.

115. Ein denkwürdiger Tag (Day Out Of Days)
R: Robert Duncan McNeill. B: Gina Fattore. G: Jensen Ackles (C.J.), Paul Gleason (Produzent), Megan Gray (Emma Jones), Roger Howarth (Professor Greg Hetson), Hal Ozsan (Todd Carr), Jack Osbourne, Dana Ashbrook (Rich Rinaldi), Nicole Bilderback (Heather Tracy), Greg

Rikaart (David), Mika Boorem (Haley Hetson), Bianca Kajlich (Natasha).

Todd hat seinen Film beendet, doch die Produzenten sind mit dem Ergebnis nicht zufrieden und fordern das Nachdrehen eines neuen Endes. Darauf lässt Todd sich nicht ein und geht, weswegen man Dawson den Job anbietet.

Dieser hat Gewissensbisse, doch Todd rät ihm, die Chance anzunehmen. Joey sucht Eddie auf, muss jedoch erfahren, dass er ausgezogen ist, ohne ihr zu sagen, wohin. Jen arbeitet mit C.J. an einem Kummertelefon, ist sich jedoch nicht sicher, ob sie die Richtige für den Job ist.

David und Jack lassen sich auf HIV testen. Audrey geht nach Hause nach Los Angeles.

„Ein denkwürdiger Tag" ist eine denkwürdige Episode, denn mit Ausnahme von Eddie tauchen hier alle festen und wiederkehrenden Figuren der sechsten Staffel auf. Sollte man meinen, dass dies zu heillosem Durcheinander führt, so täuscht man sich, denn die Folge ist elegant geschnitten, sodass die eine Handlung in die andere übergeht und nichts wirkt, als sei es wie Flickwerk dazwischen geschustert worden.

Natürlich ist je nach persönlichem Geschmack die eine oder andere Handlungsebene interessanter, doch insgesamt betrachtet ist der Serie hier ein kleines Kunststück gelungen. An Dramatik fehlt es dabei natürlich auch wieder mal nicht, wie Joeys unangenehme Entdeckung offenbart.

116. Wichtige Schritte (All the Right Moves)

R: Arlene Sanford. B: Maggie Friedman. G: Oliver Hudson (Eddie Dooling), Sarah Shahi, Megan Gray (Emma Jones), Roger Howarth (Professor Greg Hetson), Dana Ashbrook (Rich Rinaldi), Mika Boorem (Haley Hetson), Ray Wise (Roger Stepavich), Robert Treveiler (Carl Rosen), Wendy Fowler, Rebekah Dean, Loudermilk.

Harley ermuntert Joey, nach Eddie zu suchen. In seinem Spind im Hell's Kitchen findet sie einen Umschlag mit Kurzgeschichten, die er an einen Verlag geschickt und zurückbekommen hat.

Darauf befindet sich eine Adresse. Sie ruft dort an, legt aber wieder auf, als Eddie rangeht. Darum sucht Harley ihn auf und erzählt ihm, dass Joey schwanger ist. Damit schafft sie es, dass beide die Gelegenheit haben, miteinander zu reden. Später zeigt Joey Eddies Geschichten Professor Hetson, dem sie recht gut gefallen. Derweil tritt Audrey wieder mit den Hell's Belles auf, besäuft sich aber wieder besinnungslos. Emma wirft sie aus der Band.

Als Joey nach Hause kommt, findet sie Audrey bewusstlos vor.

Dies ist die dritte Folge in dieser Staffel, in der Dawson nicht dabei ist. Schade eigentlich, ist die Haupthandlung um Joey doch eher am Mäandern und wiederholt unter anderen Vorzeichen das altbekannte Kriegen-sie-sich-oder-kriegen-sie-sich-nicht-Spielchen. Und natürlich gibt es am Ende einen Twist, der die Trennung zwischen Eddie und Joey notwendig macht.

Mit Audrey hat die Serie ihre erste echte Alkoholikerin, während die Trinkerfahrungen von Pacey, Joey und Dawson im Vergleich hierzu harmlos waren, obschon sie natürlich seinerzeit auch weitreichende Folgen hatten.

117. Aufbruch (Rock Bottom)

R: Robert Duncan McNeill. B: Tom Kapinos. G: Oliver Hudson (Eddie Dooling), Jensen Ackles (C.J.), Nicole Bilderback (Heather Tracy), Seth Rogen, Geoffrey Lewis (Onkel Bill) Josh Hammond (Mullet), Bianca Kajlich (Natasha), Barrett O'Brien, Brett Claywell (P.A), John Stafford (D.P.), Fedele Foling (Gaffer), Zach Lee.

Dawson hat mit den Nachdrehs so seine Probleme, denn Natasha weigert sich, eine neu ins Drehbuch gekommene Nacktszene zu spielen. Auch die restliche Crew tanzt ihm auf dem Kopf herum, da sie ihn für einen Grünschnabel halten.

Dawson lernt seine Lektion und verschafft sich Respekt, indem er den Chefkameramann feuert. Eddie geht nach Kalifornien, da er dort ein Stipendium erhalten hat. Da Joey Audrey überzeugen konnte, in Rehab zu gehen, fahren sie alle mit dem Auto nach Kalifornien. Der Road Trip ist jedoch nicht so spaßig, wie sie erhofft hat.

Die Handlung dieser Folge ist leider etwas arg vorhersehbar – und das gilt durchgehend für alle Elemente. Als etwas arg störend erweist sich dabei die Trennungsarie zwischen Joey und Eddie, die wie eine schlechte Kopie der besten Joey-Dawson-Zeiten aussieht. Am ehesten punktet diese Folge noch mit der Dawson-Handlung, da der sonst so sympathische junge Mann, der zu allen nett sein will, einmal härtere Saiten aufziehen muss. Er ist kein Todd, aber er muss erkennen, dass es mitunter nötig ist, wie ein Todd zu wirken.

Seth Rogen, der hier Audreys Bettbekanntschaft spielt, hat bereits zweimal zuvor mit Busy Phillips zusammengearbeitet. Beide waren in den Serien **Freaks and Geeks** und **Undeclared** zu sehen, wo sie Freunde bzw. ein Pärchen dargestellt haben.

118. (Clean and Sober)

R: Michael Lange. B: Anna Fricke. G: Jensen Ackles (C.J.), Greg Rikaart (David), Esteban Powell, Alicia Coppola, Megan Gray (Emma Jones), Keith Harris, Adrian Monte.

Dawson besucht Audrey in der Rehab, wo er auf eine berühmte Produzentin trifft, mit der er unbedingt sprechen will. Audrey sorgt dafür, dass sich die Chance auftut. Derweil gibt Pacey eine große Party, bei der Joey mal alle Hemmungen fallen lässt und ordentlich über die Stränge schlägt.

Jen findet C.J. auf dieser Party mit einer Flasche Bier in der Hand – nicht gerade das Getränk, das man bei einem Ex-Alkoholiker finden sollte. Jack bietet Emma an, sie zu heiraten, damit sie die Green Card für die USA erhält.

Im Grunde ist diese Episode sehr merkwürdig, denn Dawson und Audrey geben ein eigenartiges Pärchen ab. Immerhin gilt es zu bedenken, dass Dawson der drallen Blondine in seinem Leben nur ein paar Mal begegnet ist. So etwas wie tiefe Freundschaft, die er mit den anderen teilt, ist hier natürlich (noch) nicht gegeben, weswegen er eigentlich der unwahrscheinlichste Kandidat ist, wenn es darum geht, sie zu besuchen.

119. Eingesperrt (Castaways)
R: Greg Prange. B: Gina Fattore. G: Judy Tylor.

Joey hat sich breitschlagen lassen, Paceys Schwester zu geben, damit dieser besser einer Frau den Hof machen kann. Als es ihr zu bunt wird, verlangt sie, dass er sie nach Hause fährt, doch macht er noch einen schnellen Stop bei einem K-Mart, um Kondome zu besorgen.

Zu dumm nur, dass er und Joey versehentlich in dem Supermarkt eingesperrt werden und nun dort die Nacht verbringen müssen. Beide unterhalten sich über ihre frühere und ihre derzeitige Freundschaft, darüber, was sich verändert hat, und was sie einander nun bedeuten.

Am nächsten Tag, nachdem sie befreit werden, fragen beide sich, wie es nun mit ihnen weitergehen soll.

In „Eingesperrt" sind lediglich Joshua Jackson und Katie Holmes dabei. Alle anderen festen und wiederkehrenden Darsteller fehlen. Erstaunlich, wenn man bedenkt, dass die Serie eigentlich **Dawson's Creek** und nicht **Joey's**

Creek heißt. Es zeigt aber auch sehr deutlich, dass Joey bzw. Katie Holmes über die Jahre weit populärer geworden ist als Dawson und sein Darsteller James van der Beek.

„Eingesperrt" ist eine schöne Episode voller Wortwitz, da sich beide ob ihrer Situation natürlich den einen oder anderen Spruch um die Ohren hauen. Doch hinter all den Scherzen verbirgt sich eine Warmherzigkeit, die man mitunter in dieser Staffel vermisst hat, da die Interaktion zwischen liebgewonnenen Figuren immer wieder etwas zu kurz gekommen ist.

Vor allem lebt die Folge natürlich auch von der tollen Chemie zwischen Jackson und Holmes, weswegen man sich am Ende wünscht, dass beiden ein Happyend beschieden ist.

120. Geister der Vergangenheit (That Was Then)
R: Perry Lang. B: Anna Fricke. G: Dylan Neal (Doug Witter), John Finn (Mr. Witter), Roger Howarth (Professor Greg Hetson), Mika Boorem (Harley Hetson), Mitchell Laurance (Mr. Gold), Christopher Desroaches, Leigh Jones, Rob Zapple.

Joey soll auf Harley aufpassen, muss jedoch feststellen, dass auch ihr Freund Patrick da ist, weswegen sie nun Beziehungsberaterin spielen darf. Derweil kehrt Dawson nach Capeside zurück.

Er wurde von Mr. Gold eingeladen, vor der Filmklasse zu sprechen. Einer der Jungen zeigt Dawson auch seinen eigenen Film, woraufhin er realisiert, dass er längst nicht mehr der Teenager von damals ist, sondern sich weiterentwickelt hat. Pacey kommt nach Capeside, weil sein Vater einen Herzinfarkt hatte.

Viel hat sich verändert, so auch, dass Pacey für den alten Witter nun der gute Sohn ist. Am Abend treffen Dawson und Pacey sich.

Es sind die „Geister der Vergangenheit", die niemanden loslassen. Erstaunlich ist die Entwicklung zwischen Pacey und seinem Vater, denn seit er Karriere macht, gilt er im Hause Witter sehr viel, weswegen Doug es zu spüren bekommt, was es heißt, nur der zweitliebste Sohn zu sein.

Ebenso interessant ist die andere Handlung, zeigt sie uns doch einen jungen Schüler, der Dawson sein könnte und ihm in vielen Dingen sehr ähnelt. Diese Folge ist eine Aufrechnung mit der Vergangenheit, denn sowohl Dawson als auch Pacey haben erkannt, dass sie längst nicht mehr jene Männer von früher sind.

Das wiederum bietet den beiden auch die Gelegenheit zu einem Neuanfang, der am Ende angedeutet wird.

121. Ein Schuss in den Ofen (Sex and Violence)
R: Frank Perl. B: Anna Fricke, Tom Kapinos. G: Nicole Bilderback (Heather Tracy), Oliver Hudson (Eddie Dooling).

Joey stimmt zu, für Pacey als aushelfende Sekretärin einzuspringen, doch ihrer beider Eifersucht sorgt für Chaos, weswegen er sie wieder entlässt. Ihre gerade wieder beginnende Romanze wird unterbrochen, als Eddie wieder in der Stadt auftaucht.

Dawson ist es gelungen, den Produzenten des Horrorfilms seine Idee eines Coming-of-Age-Films schmackhaft zu machen, doch als diese daraus eine alberne Sexklamotte machen wollen, muss er sich entscheiden, ob er seiner Vision treu bleibt oder die Chance ergreift, seinen ersten eigenen Studiofilm zu machen.

Man möchte sagen, es ist ein Klischee, wie der ewig geile Produzent hier dargestellt wird und wie ein solches Treffen mit einem hoffnungsvollem Drehbuchautor abläuft, aber irgendwie kann man sich des Eindrucks nicht erwehren, dass hier tatsächlich nur ein klein wenig übertrieben wurde und die Welt von Hollywood ansonsten tatsächlich so aussieht.

Gerade deswegen punktet diese Folge aber auch in Sachen Humor, ist es doch ein Genuss zuzusehen, wie Dawson sich windet und versucht, auf die Vorschläge des Produzenten einzugehen, nur um zu merken, dass sie vollkommen abstrus sind.

Ach ja, was den Rest anbelangt, so sei nur gesagt, dass Eddies Rückkehr ziemlich uninspiriert abläuft.

122. Liebesleid (Love Bites)

R: Bethany Rooney. B: Liz W. Garcia. G: Oliver Hudson (Eddie Dooling), Jensen Ackles (CJ), Mary-Margaret Humes (Gail Leery), Mika Boorem (Harley Hetson), Taylor Handley (Patrick), Morgan Johnson, Adam Nee (Jaime).

Dawson kehrt nach Capeside zurück. Er hat sich entschieden, seiner Vision treu zu bleiben. Darum schreibt er nun am Drehbuch und will den Film selbst verwirklichen. Derweil begleiten Joey und Pacey Harley auf ihre Prom, wobei die beiden hier so etwas wie ihre eigene, die seinerzeit zum Desaster geraten ist, nachholen können.

Da Eddie jedoch wieder da ist, sieht Joey für sie beide keine Chance. Grams enthüllt Jen, dass sie Brustkrebs hat.

Dawson's Creek war immer eine Serie, die Idealismus hochgehalten hat. Und das tut sie auch nach wie vor, wie an Dawson zu sehen ist, der die Chance auf einen groß budgetierten Film aufgegeben hat, um seiner Vision treu zu bleiben. Es erfordert viel Integrität und einen hohen Glauben an sich selbst, derart zu verfahren. Damit offenbart „Liebesleid" eine Tugend, die vor allem heutzutage nur zu gerne vergessen wird.

Nicht nachvollziehbar ist Joeys Handeln, denn Eddies Rückkehr muss ja nicht automatisch bedeuten, dass sie sich ihm an den Hals werfen muss ...

123. Im Rampenlicht (Lovelines)

R: Joshua Jackson. B: Jason M. Palmer. G: Oliver Hudson (Eddie Dooling), Jensen Ackles (CJ), Greg Rikaart (David), Matt Funke (Fred), Adam Carolla, Dr. Drew Pinsky, Cullen Moss.

Die Gang steht im Mittelpunkt einer Show, in der die Teilnehmenden einen Seelenstrip hinlegen dürfen. So auch Jen, die von C.J. gedrängt wird, weil er einfach nicht verstehen will, warum sie mit ihm Schluss gemacht hat. Eddie wiederum möchte wissen, warum Joey nicht mit ihm schlafen will.

Und David glaubt, dass Jack ihn betrügt. Für die ersten beiden Paare gibt es so etwas wie ein Happyend, nur Jack geht leer aus, denn David mag ihm nicht glauben, dass er nichts getan hat. Und fordert darum eine Auszeit.

In dieser Folgen tauchen weder Dawson noch Pacey auf. Immerhin stand Paceys Alter Ego Joshua Jackson hinter der Kamera und führte hier Regie. Die Folge selbst ist recht witzig, aber die Handlung ist ziemlich forciert, ist es doch kaum glaubwürdig, dass ausgerechnet die Kerngruppe auf die Bühne komplimentiert wird, wobei es ohnehin schon etwas an den Haaren herbeigezogen ist, dass sie alle sich überhaupt in der Halle einfinden.

Es gibt ein paar Späße, ein paar ernste Momente und viel heiße Luft drum herum. Kurz: Dies ist eine der Folgen, auf die man am ehesten verzichten kann.

Dr. Drew Pinksy und Adam Carolla spielen sich in dieser Folge selbst, aber man darf davon ausgehen, dass sie im echten Leben etwas weniger schrill sind.

124. Catch-22 (Catch 22)

R: Robert Duncan McNeill. B: Laura Glasser. G: Oliver Hudson (Eddie Dooling), Roger Howarth (Professor Greg Hetson), Dana Ashbrook (Rich Rinaldi), Sarah Shahi, Greg Rikaart (David), Irene Ziegler, Chris Snyder, Melissa Claire Egan, J. Matthew Stevens.

Joey hat ihre Abschlussprüfung hinter sich. Eddie schlägt vor, mit dem Rucksack durch Europa zu reisen. Nachdem Joey lange überlegt hat, möchte sie zustimmen, findet jedoch eine Nachricht, in der Eddie sich von ihr verabschiedet, da er erkannt hat, das sie dies nur tun würde, um ihm zu gefallen.

David trennt sich endgültig von Jack. Pacey hat Dawsons ganze Ersparnisse in hochspekulative Aktien angelegt, da dieser den möglichen Gewinn für den Film brauchte. Nun ist die Bombe geplatzt und Dawsons Vermögen in Rauch aufgegangen.

Pacey will sich von Rich Geld leihen, um Dawson seinen Einsatz zurückgeben zu können, doch dieser lehnt ab. Als Pacey ihn niederschlägt, wird er gefeuert.

Gerade da Dawsons und Paceys Freundschaft sich wieder normalisiert hat, passiert nun dies. Und damit bewahrheitet sich Paceys Vision des „Ich bin pleite und du bist dran schuld"-Albtraums, den er skizzierte, als

Dawson ihm sein Geld anvertraut hat. Noch findet er nicht dem Mut, seinem Freund die Wahrheit zu sagen.

Dass die Handlung um Eddie abgeschlossen wird, ist auch dringend nötig gewesen, war seine Rückkehr aus Kalifornien doch ohnehin nur erzwungen, um Joey zum Schluss der Staffel für Pacey oder Dawson freizuhalten. Hier hätte man aber ruhig etwas inspirierter vorgehen können.

125. Trennungen (Goodbye, Yellow Brick Road)

R: Peter Kowalski. B: Anna Fricke. G: Jensen Ackles (CJ), Mimi Rogers (Helen Lindley), Jack Osbourne, Geoffrey Lewis (Bill Baxton).

Pacey steht vor Dawsons Haus. Als dieser ihn sieht, bittet er ihn herein und zeigt ihm das Filmequipment, das er schon besorgt hat. Außerdem möchte er Pacey als Produzenten haben. Joey kommt ebenfalls nach Capeside zurück und ist erstaunt, wie Dawson sein altes Zimmer wieder auf den Stand seiner Jugend gebracht hat. Als sich alle drei treffen, rückt Pacey endlich mit der Wahrheit heraus.

Ein Streit entbrennt, bei dem auch alte Themen wieder aufgekocht werden. Derweil hat Jen es arrangiert, dass ihre Mutter Grams besucht. Sie meint, dass Grams es Helen sagen muss. Dies geschieht auch, wenngleich nicht auf die Art, wie erwartet, wobei Helen und Jack geschockt sind. Jen schlägt vor, dass sie alle nach New York ziehen, wo Grams die beste Behandlung erhalten kann.

Zum Ende der sechsten Staffel besinnen sich die Autoren auf ihre alten Tugenden und kehren zu den Wurzeln der Serie zurück. Diese und die nachfolgende Episode fühlen sich an wie aus einer anderen Zeit, wecken sie doch angenehme Erinnerungen an frühere, besonders herausragende Folgen und Staffeln. Dies gilt vor allem natürlich für die Troika Dawson, Pacey und Joey, die wieder an einem Punkt angelangt ist, den sie schon längst hinter sich gelassen glaubte. Diese Folge, deren Titel an den wundervollen Film **Der Zauberer von Oz** anspielt, ist ein Paradebeispiel dessen, was **Dawson's Creek** immer sein sollte und in seinen besten Momenten auch wahr: eine Serie über Freundschaft, die jedoch nicht immer die Wirren des Lebens übersteht.

Während Jens Mutter in der dritten Staffel von Mel Harris gespielt worden ist, übernimmt nun Tom Cruises Ex-Frau Mimi Rogers den Part.

126. Drehtage in Capeside (Joey Potter and the Capeside Redemption)
R: Michael Lange. B: Gina Fattore, Tom Kapinos. G: Dylan Neal (Doug Witter), Nicole Steinwedell (Kristy), Hal Ozsan (Todd).

Dawson hat seinen Traum aufgegeben und arbeitet nicht länger an seinem Skript. Vielmehr muss er Schulden abbauen, die er gemacht hat, um die Geräte zu kaufen.

Joey will das nicht mitansehen und organisiert alles: sie castet Audrey als Ms. Jacobs und Harley als sich selbst. Dazu findet sie Hilfe von zahlreichen Freunden, sodass Dawson mit dem Drehen seines autobiographischen Films beginnen kann. Doch das alles läuft nicht so glatt, wie erhofft.

Erst als Todd auftaucht und sich als Chefkameramann in Dawsons Dienste begibt, beginnt die Produktion rund zu laufen. Derweil versucht Pacey, in Capeside Sponsoren für den Film zu finden und trifft auf Kristy, in die er während seiner High School-Zeit verknallt war. Jen, Jack und Grams ziehen nach New York und Joey schafft es, dass Dawson und Pacey zumindest ein paar Worte miteinander wechseln.

Sie sind nicht länger die Freunde, die sie vor so vielen Jahren waren, aber nichts ist unmöglich und so könnten sie, eines Tages, wieder beste Freunde sein. Joey erfüllt sich ihren eigenen Traum: Sie reist endlich nach Paris.

Diese Folge ist im Grunde das Finale der Serie, den der abschließende Zweiteiler spielt fünf Jahre in der Zukunft und fühlt sich darum wie ein Reunion-Film an, der Jahre nach der Serie entstanden ist. In dieser Episode werden jedoch alle Handlungsstränge des Jahres zu Ende gebracht und zum Teil ein wenig offen gelassen, sodass es dem Zuschauer überlassen bleibt, sich selbst dazu Gedanken zu machen.

Besonders gilt dies natürlich in Bezug auf die Freundschaft von Dawson und Pacey, die hier so kaputt wie niemals zuvor ist. Am Ende gibt es jedoch einen

Hoffnungsschimmer am Horizont. Immerhin sind die beiden auch zu viele Jahre lang beste Freunde gewesen, als dass sie sich nun einfach voneinander abwenden könnten.

Die Dreharbeiten zu Dawsons Film sind sehr hübsch, wobei er im Endeffekt ein Remake des Films dreht, den er in der zweiten Staffel angepackt hat, wenngleich er nun über mehr Erfahrungen verfügt. Dabei gibt es einige Szenen zu sehen, die an Szenen aus der allerersten Episode angelehnt sind und angenehmen Erinnerungen wecken. Das gilt auch für den Moment, da Jen Capeside verlässt, tut sie dies doch auf die exakt selbe Art, wie sie auch vor sechs Jahren dorthin gekommen ist.

All das sind Momente, die dem Zuschauer Tränen in die Augen treiben, hat er doch über sechs Jahre mit diesen Charakteren gelebt und sie in all dieser Zeit auch liebgewonnen. Besonders gilt dies natürlich für die Fans, die sich noch daran erinnern können, wie sie die ersten Staffeln seinerzeit entdeckt haben.

127. Lieben heißt Leben (1) (All Good Things ...)

R: James Whitmore Jr. B: Kevin Williamson, Maggie Friedman. G: Virginia Madsen (Paceys Freundin), Nina Repeta (Bessie Potter), Mary-Margaret Humes (Gail Leery), Dylan Neal (Doug Witter), Kyle Searles (Colby), Sam Doumit (Sam), Jeremy Sisto (Christopher), Ashleigh Sumner, Steven Roten, Jason Davis, Elizabeth Roberts, Kristen Solt (Lilly Leery), Michael Hartson (Stan), Logan

Berkshire, Matthew Slate Wells (Alexander), Michael O'Connell (Mr. Dudley), Ann Pierce (Mrs. Dudley).

Fünf Jahre sind vergangen und anlässlich der Hochzeit von Gail kehren die Freunde nach Capeside zurück. Joey ist Lektorin in New York, Dawson ist mit seiner Fernsehserie „The Creek" erfolgreich, Jack ist Lehrer an der Capeside High School und mit Doug liiert, der jedoch noch immer nicht sein Coming Out hatte, Jen ist alleinerziehende Mutter und Pacey besitzt ein Restaurant in der Stadt, das Icehouse.

Sie treffen sich alle bei Pacey, lachen, denken an früher und erzählen, was sich so alles getan hat. Es ist ein schöner Abend, der feuchtfröhlich endet. Später am Abend besucht Joey Dawson zuhause und steigt durch das Fenster. Sie schläft bei ihm. Genauso wie früher.

Am Tag der Hochzeit sind alle glücklich, doch dieses Glück wird schnell getrübt, denn Jen bricht auf der Tanzfläche zusammen.

Für das Finale der Serie konnten die Produzenten Kevin Williamson überzeugen, zurückzukehren. Er nahm die Einladung an und nutzte sie, um einige der Dinge zu richten, von denen er glaubte, dass sie im Verlauf der Serie falsch angegangen worden waren. Da Audrey keine der Figuren war, die von ihm erfunden worden ist, fehlt sie hier auch, indem man erklärt, dass sie mit einer Band auf Tour in Europa ist.

Die Idee, fünf Jahre nach den Ereignissen der letzten Folge einzusetzen, ist schlichtweg genial. Immerhin ergibt sich somit die Möglichkeit, praktisch neu anzufangen, aber dies mit alten Bekannten zu tun. Man weiß nicht, was in der Zwischenzeit passiert ist, nur dass Dawson und Pacey offenbar wieder zu Freunden geworden sind. Die Umstände, die dazu führten, sind auch weniger wichtig als die Tatsache selbst.

Für den Part von Joeys Freund in New York verpflichtete man Jeremy Sisto, nachdem der Wunschkandidat, Katie Holmes' Freund Chris Klein, das Angebot nicht angenommen hat.

128. Lieben heißt Leben (2) (... Must Come to an End)

R: Greg Prange. B: Kevin Williamson, Maggie Friedman. G: Virginia Madsen (Paceys Freundin), Nina Repeta (Bessie Potter,) Mary-Margaret Humes (Gail Leery), Dylan Neal (Doug Witter), Kyle Searles (Colby), Sam Doumit (Sam), Jeremy Sisto (Christopher), Ashleigh Sumner, Kristen Solt (Lilly Leery), Michael Hartson (Stan), Logan Berkshire, Matthew Slate Wells (Alexander), Michael O'Connell (Mr. Dudley), Ann Pierce (Mrs. Dudley).

Wie sich herausstellt, hat Jen einen Herzfehler, der sie nun das Leben kosten wird. Sie hat nicht mehr allzu lange Zeit. Das betrübt alle um sie herum. Joey macht über das Telefon mit ihrem Freund Schluss, denn sie muss ein für allemal entscheiden, wer es für sie werden soll: Dawson oder Joey. Jen fordert von ihr als ihrem letzten Wunsch, dass sie endlich eine Entscheidung trifft.

Dawson hilft Jen, ein Video aufzunehmen, auf dem sie ihrer Tochter Amy eine Nachricht hinterlassen kann. Jack verspricht ihr, dass er sich um Amy kümmern und wie ein Vater lieben wird. Wenig später schläft Jen friedlich ein – ein letztes Mal.

Doug möchte Jack helfen, Amy großzuziehen. Endlich ist er für sein Coming Out bereit. Pacey erklärt Joey, dass er sie ziehen lässt. Er wird in Capeside bleiben, während sie diesem Ort längst entwachsen ist. Doch Joey möchte nicht ziehen gelassen werden. Später trifft sie sich mit Dawson und spricht mit ihm. Sie beide sind Seelenverwandte und beste Freunde und nichts wird dies jemals ändern.

Die Zeit vergeht und man sieht Joey und Pacey in New York in ihrem Apartment. Die beiden sind ein Paar und sehen sich begeistert „The Creek" an. Danach rufen sie Dawson an, der eine gute Nachricht hat: am nächsten Tag wird er Steven Spielberg treffen.

Der Abschluss der Serie ist bittersüß, schön und traurig zugleich. Der Tod von Jen nimmt alle mit, nicht nur ihre Freunde, sondern auch den Zuschauer, der sich so sehr ein Happyend wünscht, aber es nicht für alle Charaktere bekommt. Kevin Williamson ist ein exzellenter Autor und weiß, dass Schmerz auch immer ein Teil des Lebens ist. Genau das bietet er hier, wächst man doch auch an Verlusten.

Dass sich am Ende nicht Dawson und Joey, sondern Joey und Pacey bekommen, fühlt sich richtig an. All die Jahre stand die Frage im Raum, wer das bessere Pärchen sei, doch nun ist sie beantwortet. Joey und Dawson werden auf ewig Freunde sein, doch Liebende können sie niemals sein. Sie alle erwartet ein Happyend, ebenso wie Jack, der mit seinem Doug und Amy glücklich werden kann.

Die Doppelfolge war insgesamt um 15 Minuten länger, doch musste sie für das fernsehtypische Format gekürzt werden. Dabei gab es auch ein Wiedersehen mit Meredith Monroe als Andie McPhee, die drei Szenen und ein langes Gespräch mit Pacey hat. Diese Szenen waren im Fernsehen nicht zu sehen, können aber in Form eines Extended Cuts auf DVD bewundert werden.

Diese Abschlussfolge wurde in den USA von 7,3 Millionen Zuschauern gesehen, womit das WB Network die höchste Einschaltquote seiner Existenz erreicht hat.

Man spricht Deutsch

Die Synchronisation von Filmen oder Serien ist ein leidiges Thema, das vor allem Puristen immer wieder aufstößt. Viele empfinden das Sehen eines synchronisierten Films im Vergleich zum Original als weniger intensiv, was natürlich einer gewissen Grundlage nicht entbehrt.

Man bedenke nur, dass die Schauspieler der entsprechenden Filme oder Serienepisoden oftmals Wochen haben, in denen sie sich mit ihrem Charakter beschäftigen, während das bloße Synchronisieren, das reine Sprechen in der Regel nicht länger als zwei oder drei Tage dauert. Darum ist es unmöglich, dass ein Synchronsprecher dieselbe Intensität entwickeln kann, die der Schauspieler vor Ort zum Besten gab.

Verstärkt wird dies noch dadurch, dass die einzelnen Folgen in winzige Takes zerlegt werden, bei denen der innere Zusammenhang oftmals vollkommen verschwindet. Nicht zuletzt wird es bei der Synchronisation von **Dawson's Creek** auch so gehandhabt, dass jeder der Synchronsprecher seine Texte alleine aufnimmt und somit praktisch keinen Kontakt mit seinen Kollegen hat.

Für die deutsche Fassung verantwortlich ist der Dialogautor und Synchronregisseur Erik Paulsen, der seit mehr als zwanzig Jahren freiberuflich in diesem Metier tätig ist und für zahlreiche Filme und Serien, darunter solche Titel wie **Scarlett**, die Fortsetzung von **Vom Winde verweht**, **Spenser**, **Matlock** und **Schindlers Liste**, verantwortlich zeichnet.

Der am 4.6.1954 geborene Paulsen begann seine Karriere nach abgeschlossenem Studium, welches natürlich Sprach- und Theaterwissenschaften beinhaltete, beim BR und dem SWF.

Er selbst zieht es vor, dass die Sprecher bei der Arbeit unabhängig voneinander arbeiten. Weiterhin besteht er auch darauf, dass sie ihre Sätze im Stehen und nicht im Sitzen abliefern. Bearbeitet wurde **Dawson's Creek** in Berlin, wo das größte Zentrum für Synchronarbeit in Deutschland ist.

Dank modernster Technik sind neben dem Dialogregisseur nur ein Tontechniker und der Cutter notwendig. Der Cutter ist deshalb so wichtig, da es zu seinen Aufgaben gehört, den Schauspielern die deutschen Worte später in den Mund zu legen. Eine sofortige, absolut perfekte Lippensynchronität lässt sich praktisch nie abliefern. Darum muss nach jeder Aufnahme nicht nur der Dialogregisseur, sondern auch der Cutter sein Einverständnis erklären, da es an beiden hängt, ob die gesprochene Szene zu verwenden ist oder nicht.

Was viele nicht wissen ist, dass nicht nur die Dialoge, sondern auch die Geräusche nachsynchronisiert werden. Für diese Aufgabe ist eigens ein Geräuschemacher verantwortlich, während die Synchronsprecher auch für das „Herumgeknutsche" sorgen müssen.

Das Synchronisieren verläuft relativ zügig, wobei die Sprecher zuerst die englische Szene vorgespielt bekommen und daraufhin den deutschen Text über dieselbe Szene, nun natürlich ohne Ton, sprechen. Ein

Problem, das beim Erstellen der Synchronbücher auftritt, sind natürlich Anspielungen, die von einem deutschen Publikum nicht verstanden werden können, da die entsprechende Person bei uns einfach unbekannt ist. Da man nun aber schlecht aus einem Jay Leno einen Harald Schmidt machen kann – das würde immerhin äußerst merkwürdig wirken – versucht zumindest Erik Paulsen stets, die Szene umzuschreiben, sodass sie nach wie vor Sinn ergibt und in die Gesamthandlung passt.

Ein Nachteil der deutschen Fassung ist übrigens, dass Dawson hier grundsätzlich von „Joey" spricht, während er im Original auch die Kurzform „Jo" benutzt. Diese wird im Deutschen nicht verwendet, da man glaubt, das Publikum würde nicht kapieren, wer gemeint sei, da „Jo" auch ein männlicher Name sein kann. Letztlich scheint dies aber recht übertrieben, da das Publikum für gewöhnlich sehr viel schlauer ist, als es die Fernsehoberen gerne hätten.

Die Titel selbst wurden von SAT 1 ausgesucht und oftmals geändert, auch wenn der eigentliche Titel, den der Synchronautor ausgesucht hat, besser und näher am Original ist. Bestes Beispiel ist der Zweiteiler „To be or not to be ..." und „... That is the question". Hier hätte man einfach das bekannte Shakespeare-Zitat „Sein oder nicht sein, das ist hier die Frage" übersetzen können, aber SAT 1 wollte einen Titel, der sich über zwei Folgen erstreckt, unbedingt vermeiden.

Auch sonst sind die deutschen Titel von erstaunlicher Einfallslosigkeit, aber das ist schließlich nicht nur bei **Dawson's Creek**, sondern auch bei vielen anderen Serien so.

Abschließend muss man die viele Arbeit anerkennen, die mit der deutschen Bearbeitung einer einzelnen Folge oder einer ganzen Serie einhergeht, aber nach wie vor gilt, dass – so man über die entsprechenden Quellen verfügt und des Englischen mächtig ist – es stets am lohnendsten ist, sich das Original anzusehen.

Dawson's Creek – Ein Resümee

Als **Dawson's Creek** seine Premiere hatte, war die Serie etwas ganz und gar Besonderes. Das Genre der Jugendserie war zu jener Zeit größtenteils passé. Zwar gab es noch das auf dem Fox Network laufende **Party of Five**, doch die Hochzeit des Genres, die mit **Beverly Hills 90210** in den frühen 90er Jahren herrschte, war längst vorüber. Es war beinahe so, als wäre sie mit der zusehenden Verschlechterung von **Beverly Hills 90210** verschwunden, denn jene Serie wurde immer unrealistischer und erzählte schließlich eher von Twens und ihren abstrusen Problemen, denn von echten Menschen, mit denen man sich noch identifizieren konnte. Wo **Beverly Hills 90210** nur noch eine Seifenoper gängigen Formats war, war **Dawson's Creek** neu, frisch, originell und mutig.

Zuletzt hatte es das nur bei der kleinen Kultserie **Willkommen im Leben** gegeben, durch die Claire Danes und Jared Leto bekannt geworden sind. Diese Serie lebte von ihrem realistischen Ambiente und der gelungenen, in jeder Beziehung glaubwürdigen Charakterzeichnung. Sie erlebte jedoch nur eine Staffel – und das war in gewisser Weise ihr Glück. Denn anders als erfolgreichere Vertreter des Genres konnte diese Serie nicht mit der Zeit verwässern. Sie bestand als ein Ganzes und war dem nicht unähnlich, was die erste Staffel von **Dawson's Creek** schließlich werden sollte.

Dawson's Creek wurde als eine Einheit gedreht – zumindest in der ersten Staffel. Denn noch bevor von der ersten Staffel auch nur eine Episode ausgestrahlt worden ist, war die gesamte Season im Kasten. Und Kevin Williamson hatte sie als eine Einheit angelegt, sodass sie ebenso wie **Willkommen im Leben** das Publikum mit einem zufriedenstellenden Ende verabschieden würde, sollte es keine weitere Staffel mehr geben.

Die Ähnlichkeiten zwischen beiden Serien sind überdeutlich, was nicht nur für die Art ihrer Darstellung gilt, sondern auch dahingehend, dass ihre Darsteller zu Stars geworden sind. Darüber hinaus stellen beide Serien nicht nur ihre jugendlichen Protagonisten in den Vordergrund, sondern interessieren sich auch für deren Eltern und zeigen die Probleme dieser älteren Generation, die auch nicht ganz ohne sind.

Die erste Staffel von **Dawson's Creek** fing all das ein, was an **Willkommen im Leben** gut war, nur dass sie das Glück hatte, auf ein großes und interessiertes Publikum zu treffen. Innerhalb von nur 13 Folgen eroberte die Serie ein Publikum für sich, das groß genug war, ein Fortleben zu garantieren. Doch damit fingen im Endeffekt auch die Probleme an, was Kevin Williamson nur zu gut bewusst war. Er wusste immer, dass die Serie, sollte sie es schaffen, über Jahre hinweg zu laufen, einen ähnlichen Weg wie etwa **Beverly Hills 90210** gehen und einen deutlich stärkeren Soap-Charakter annehmen würde.

Das lag einfach in der Natur der Dinge, daran ließ sich nichts ändern. Denn nach wie vor müssen die Hauptfiguren im Mittelpunkt stehen und Konflikte erleben. Doch um diese Konflikte zu generieren, war es natürlich nötig, den Status Quo immer wieder aufzurütteln, sodass weder Dawson und Joey noch Joey und Pacey noch sonst jemand auf lange Sicht ein Happyend haben konnte. Stillstand hätte hier im wahrsten Sinne des Wortes den Tod bedeutet.

Die erste Staffel jedoch brilliert durch ihre Aufrichtigkeit und zeigt uns das Leben von Teenagern (und ihren Eltern), wie es im Endeffekt wirklich ist. Natürlich sprechen echte Teenager nicht derartig beflissen wie es Dawson und Co. tun, doch das ist im Grunde nicht weiter wichtig. Viel wichtiger sind ihre Figuren und was sie fühlen.

Und genau da konnte die Serie punkten, denn sie spricht nicht nur junge Leute an, die sich selbst gerade auf dieser Achterbahn der Gefühle befinden, sondern auch ältere Semester, die sich durch das Sehen dieser Folgen an ihre eigene Jugend erinnern, die im Rückblick ohnehin immer schöner ist, als sie es eigentlich war.

Nimmt man nur die erste Staffel von **Dawson's Creek**, so erhält man ein Gesamtkunstwerk, das einen Anfang, einen Mittelteil und ein Ende hat. Im Grunde wäre eine Fortführung nicht weiter notwendig gewesen. Alles wurde gesagt und getan, nichts blieb übrig. Doch die Serie war ein Erfolg und so war eine Fortführung natürlich beschlossene Sache.

Doch schon in der zweiten Staffel ist zu merken, dass sich das Konzept langsam veränderte. Die Produzenten brachten weitere Figuren in die Serie ein, um sich so mehr Möglichkeiten der einzelnen Charakterentwicklung freizuhalten. Dabei bewegen sie sich im zweiten Jahr der Serie noch immer auf einem sehr realistischen Pfad, auch wenn so mancher

Handlungsstrang schon deutlich die Soap-Qualitäten der späteren Staffeln vorwegnimmt, doch als Hybride aus erster und dritter Staffel, die diese zweite ist, funktioniert sie perfekt. Sie vereint in sich das Beste beider Welten.

Allen Beteiligten war klar, dass sie nicht länger wie der Anfang der Serie sein konnte, denn dazu hatte sich bereits zuviel getan, doch letztendlich auch noch nicht alles, da noch viele durchaus glaubwürdige Personenkonstellationen möglich waren, bevor die Serie Gefahr lief, zu einem Wechselspiel zu werden, bei dem die einzelnen Figuren dem einen Liebhaber Lebwohl sagen und sich sofort wieder in den Armen des nächsten finden, wobei sie alle sich schon viel zu lange kennen.

Eine derartige Entwicklung macht die Serie erst in ihren späteren Jahren durch, wenn etwa Dawson und Pacey konstant um die Gunst von Joey kämpfen und mal der eine, mal der andere die Nase vorne hat. Mit der dritten Staffel hat **Dawson's Creek** sich ohne Zweifel vollständig verändert, was sicherlich zu einem guten Teil auch daran liegt, dass Kevin Williamson sich von ihr zurückgezogen hat. Dennoch ist es den Produzenten und Autoren, die ohne ihn weitermachten, gelungen, eine Serie am Leben zu erhalten, die mittlerweile von einer Coming-of-Age-Serie zu einer Seifenoper geworden war.

Dawson's Creek hat sich ohne Frage verändert, doch machte die Serie eine Veränderung durch, die unumgänglich war. Und sie schaffte es, aus dieser Veränderung das Bestmögliche zu machen, denn ihr Hauptkapital war nach wie vor vorhanden: sympathische

Charaktere, an deren Schicksal der Zuschauer interessiert ist.

Dabei ist es der Serie sogar gelungen, die Personenkonstellation nachhaltig zu verändern, denn aus einstmals besten Freunden wie Dawson und Pacey wurden schließlich Kontrahenten und Streithähne, die einen langen Weg zurücklegen mussten, bevor sie ihre Differenzen beilegen und einander wieder wie Freunde begegnen konnten. Ähnlich mutig waren andere Serien – man denke etwa wieder an das Paradebeispiel **Beverly Hills 90210** – niemals. Genau darum aber ist die Serie auch nach ihrer Transformation nicht langweilig geworden. Sie ist anders geworden, sicherlich, aber nicht zwangsläufig schlechter.

Ein gewisses Ambiente des Realistischen musste weichen, um mehr der Welt der Phantasie Platz zu machen. Doch innerhalb dieser Phantasie lebte die Serie fort. Bemerkenswert ist darüber hinaus, dass man sich nicht auf den einfachen Weg verlegte, alle handelnden Personen der Serie auf dasselbe College zu schicken. Dies wird in der Regel sehr gerne benutzt, da man nach dem Abschluss der High School die Figuren natürlich nicht in alle Winde zerstreuen will.

Dass dies nicht unbedingt realistisch ist, wird dabei gerne übersehen, da man keine andere Möglichkeit zu erkennen glaubt, die Geschichte handhaben zu können. Dass es anders geht, zeigt jedoch **Dawson's Creek**, das seine Protagonisten nicht nur auf verschiedene Colleges schickt, sondern sowohl an der Ost- als auch an der Westküste aktiv werden und eine der Figuren gleich ganz außerhalb des College-Zirkels agieren lässt. Dass die Charaktere sich aber dennoch treffen und ihre Leben sich auch weiterhin überschneiden, ist ein Kunststück, das den Autoren zu verdanken ist.

Des weiteren gilt zu bemerken, dass es den Autoren in der sechsten Staffel sogar gelingt, ihre Hauptfigur Dawson Leery aus manchen Folgen herauszuhalten bzw. ihm eine durchgehende Handlung zu geben, die ihn kaum mit seinen Freunden aus der Jugendzeit in Kontakt treten lässt.

All dies sind Faktoren, die dazu beitragen, dass **Dawson's Creek** zu einer herausragenden Serie geworden ist, die ihresgleichen suchen muss und bislang relativ allein auf weiter Flur besteht. Sie ist eine wunderschöne Serie mit Höhen und Tiefen, aber stets hoher Qualität. Eine andere Serie, die dem nacheifern und nachfolgen kann, ist bislang nicht in Sicht.